Horst Schaub

Zeit und Geschichte erleben

●

Zeit in der Natur

●

Umgang mit Zeit

●

Erfahrung des Wandels

SCRIPTOR

 http://www.cornelsen.de

Gedruckt auf chlorfrei gebleichtem Papier
ohne Dioxinbelastung der Gewässer.

Die Deutsche Bibliothek - CIP-Einheitsaufnahme
Schaub, Horst:
Zeit und Geschichte erleben : Zeit in der Natur; Umgang mit Zeit; Erfahrung
des Wandels / Horst Schaub. - Berlin : Cornelsen Scriptor, 2002
(Lehrer-Bücherei : Grundschule)
ISBN 3-589-05069-1

Dieses Werk berücksichtigt die Regeln der reformierten Rechtschreibung und Zeichensetzung.

5. 4. 3. 2. 1.   € Die letzten Ziffern bezeichnen
06 05 04 03 02   Zahl und Jahr der Auflage.

Redaktion: Gabriele Teubner-Nicolai, Berlin
Herstellung: THH, Frankfurt am Main
Umschlagfoto: Peter Wirtz, Dormagen
Druck und Bindearbeiten: Clausen & Bosse, Leck
Printed in Germany
ISBN 3-589-5069-1
Bestellnummer 50691

Inhalt

1 Zur Entwicklung eines vielfältigen Zeit- und Geschichtsbewusstseins

Das Phänomen *Zeit*, das unser Leben real und ganzheitlich bedingt, hat viele Formen. Wegen der Komplexität und Vielfältigkeit zusammenwirkender Formen von Zeit wird neuerdings auch von der *Vielfalt der Zeiten* (ADAM 1999, S. 38; ALBERT 2000) gesprochen. Zentrales und weit tragendes Ziel der pädagogischen Arbeit ist es, schon im Grundschulalter auf kindgemäße Weise ein vielfältiges Zeitbewusstsein anzubahnen, das Grundlage für historisches Denken, zeitliche Souveränität und ökologisch verträgliches Handeln in der natürlichen und sozialen Mitwelt ist. Es sollen deshalb verschiedene Formen der Vielfalt des Phänomens *Zeit* thematisiert und Unterrichtsvorschläge für die Praxis gemacht werden.

Überwindung des eindimensionalen Nacheinanders

Zunächst muss daran erinnert werden, dass die didaktische Auslegung und Verallgemeinerung der von HEINRICH ROTH (1955/1968) und JEAN PIAGET (1955/1974) formulierten Entwicklungsphasen beim Kinde in einigen Lehrplänen der Bundesrepublik bis heute zu einem „lehrplanmäßigen Bruch" (SCHORCH 1982, S. 105) zwischen dem zweiten und dritten Schuljahr geführt haben. Der Bruch basiert auf der entwicklungspsychologisch begründeten Annahme, dass bei Grundschulkindern durch die Themenschwerpunkte „Tageseinteilung, Uhr und Kalender" zuerst das Zeitverständnis gefördert werden müsse, bevor vom dritten Schuljahr an Geschichtsbewusstsein angebahnt werden könne. Dies macht erstens deutlich, dass es bei der Beschränkung der Entwicklung des Zeitbewusstseins auf das erste und zweite Schuljahr vorwiegend um die Einübung von Tugenden der Zeitdisziplin im Interesse eines geordneten Schulanfangs ging, nicht aber um die Entwicklung von Fähigkeiten der Kinder während der gesamten Grundschulzeit, damit sie angesichts der Verzeitlichung des modernen Lebens lernen, mit der Vielfalt der Zeit in ihrer Lebenswelt „souverän" umzugehen. Das eindimensionale Nacheinander in der Anordnung der Lehrplaninhalte macht zweitens deutlich, dass die Entwicklung des Zeitbewusstseins als Voraussetzung für die Anbahnung des Geschichtsbewusstseins auf seine „Zubringerfunktion" für den späteren Geschichtsunterricht beschränkt wurde und die Relevanz auch für andere Bezugsfächer des Sekundarbereichs nicht in den Blick gekommen ist. Die Notwendigkeit der Überwindung des „lehrplanmäßigen Bruchs" ist wiederholt beschrieben (Schaub 1996, 1998b, 1999c) und in Bezug auf die entwicklungspsychologischen Grundlagen für historisches Lernen in der Grundschule ausführlich begründet worden (Schaub 1999e).

Über die Vielfalt der Zeit in Natur, Kultur und Gesellschaft

Wenn von Zeitvielfalt gesprochen wird, ist die Vielfalt der Zeitformen in ihrer Unterschiedlichkeit gemeint. Eine einfache Strukturierung ist die zwischen der Zeitvielfalt der Natur und der Zeitvielfalt der Kultur. Zur Zeitvielfalt der Natur gehören z.B. die zyklischen Bewegungen des kosmischen Sonne-Erde-Mond-Systems und die damit synchronisierten inneren und artspezifischen Rhythmen wie der Schlaf-Wach-Rhythmus beim Menschen. Zu den kosmisch bedingten Rhythmen zählen auch die Jahreszeiten mit ihren Vegetationsperioden, mit Ebbe und Flut oder der Wechsel von Regen- und Trockenzeiten. Von besonderer Bedeutung sind die in der langen Zeit der Evolution bei Pflanzen, Tieren und Menschen entstandenen biologischen „inneren Uhren", mit denen sich die Organismen an die Zeitstrukturen der Umwelt nicht nur angepasst haben, sondern auch in der Lage sind, periodische Veränderungen in der Umwelt vorauszusagen und sich darauf vorzubereiten (vgl. Mayer 1997; Gebauer/Schaub 1997). Während die Lebenszeit beim Menschen von der Geburt bis zum Tod oder das Wachstum einer Pflanze von der Aussaat bis zur Frucht noch erfassbar sind, entziehen sich viele zeitliche Prozesse in der Natur unserer allgemeinen Betrachtung, obwohl sie für das Leben nicht nur des Menschen wegen ihrer Nachhaltigkeit ökologisch wichtig sind. Gemeint sind lange Zeiten in der Natur, z.B. die Lebenszeit von Bäumen und die Entwicklung von Wäldern . Zum Aspekt der Zeitvielfalt in der Natur gehört heute auch das Problem der Gentechnologie.

Die Zeitvielfalt in der Kultur hat es in historisch früheren, vorindustriellen Zeiten auch schon gegeben, aber die Zeitformen des Arbeitens, Versorgens, Essens und Schlafens sowie die Rhythmisierung des Jahres durch Feste und Feiern waren noch im Einklang mit den natürlichen Zeitrhythmen. Der Tag war die Zeit zwischen Sonnenaufgang und Sonnenuntergang.

Die Arbeit des Tages geschah in dieser Zeit aufgabenorientiert, nicht zeitorientiert. Die Zeit des Jahres strukturierte sich nach den periodisch wiederkehrenden Jahreszeiten und die davon abhängigen Arbeiten waren ebenfalls aufgabenorientiert. Der biographische und historische Zusammenhang von Ereignissen wurde nach Generationen und nicht nach kalendarischen Jahrhunderten gemessen. Das rhythmische Leben mit der Natur prägte das vorwiegend zyklische Zeitverständnis der damaligen Menschen.

Im Unterschied hierzu wird der Mensch seit der Erfindung mechanischer Uhren und der Einteilung der Welt in 24 Zeitzonen durch die linear-zeitliche Denk- und Handlungsweise geprägt. Diese wurde nunmehr zum beherrschenden Faktor der Zeitplanung und Beschleunigung in der modernen Industrie- und Dienstleistungsgesellschaft. Mit Hilfe der Uhr wurde die industrielle Zeit in den Formen der Maschinenzeit, der ökonomischen Zeit, der Transportzeit, der Laborzeit, der Versicherungszeit usw. objektiviert, standardisiert, quantifiziert und damit unabhängig von den natürlichen Zeiten. Die fremdgesteuerten Zeitstrukturen in den Fabriken mit ihren Merkmalen wie Pünktlichkeit, Stechuhren, Terminplänen, Betriebsordnungen usw. wurden von vielen als Entfremdung empfunden. Im Sinne der berühmten Formel „Zeit ist Geld" von Benjamin Franklin wurde die neue abstrakte, vertaktete und damit quantifizierbare Zeit der Uhr nicht nur zum kontrollierbaren Maß der Arbeit, der Produktivität und der Effizienz der Industrie, sondern auch zum Ideal eines rationalen und rationellen privaten Umgangs mit Zeit.

Hatte die Verzeitlichung des modernen Lebens bis vor kurzem noch relativ verlässliche linear-zeitliche Strukturierungen unseres Lebens durch „Pausen" mit sich gebracht, z.B. durch festgelegte Ladenöffnungszeiten, Fünftagewoche und freie Wochenenden, ist in den letzten Jahren die Auflösung verinnerlichter regelmäßiger Zeitorientierungen festzustellen. Die neuen Schlagworte wie Flexibilisierung, gleitende Arbeitszeit, Vertrauensgleitzeit, flexible Arbeitszeitmodule, Jahresarbeitszeit und Telearbeit mit Computern bringen dies zum Ausdruck. Indizien sind die beschleunigten Transportmöglichkeiten durch die Zunahme der Geschwindigkeiten im Auto-, Eisenbahn- und Flugzeugverkehr ebenso wie die Informationsvermittlung durch Fernsehen, Computer und Internet. Nicht nur die noch vor 100 Jahren vereinbarten Zeitzonen und Räume verschmelzen in der globalisierten Gleichzeitigkeit, sondern auch Vergangenheit, Gegenwart und Zukunft. Neue Erfindungen werden in einem Bruchteil der Zeit weltweit verbreitet. Mit der Anforderung an Flexibilität und Zeitsouveränität wird Zeitfreiheit, Zeitgewinn und Zeitwohlstand versprochen. Mit diesen Errungenschaften und Freiheiten war aber zugleich und mehr unbewusst verbunden, die Zeit und ihre Strukturierung selbst zu verantworten. Die daraus resultierenden Anforderungen und Entscheidungsprobleme wurden und werden von vielen als Zeitdruck und Zeitstress empfunden. Statt die Zeitfreiheit souverän zu leben, klagen immer mehr Menschen über volle Terminkalender, Pausenlosigkeit, Beschleunigungsdruck, Zeitnot, Stress, Bewegungsmangel, Bluthochdruck, Depression und andere Krankheitserscheinungen. Auf diesem Hintergrund versprechen Zeitmanagement-Seminare und neuere Zeitmanagement-Literatur Wege zum Selbst- und Lebenssinn-Management (Covey 1997, Seiwert 2000), deren Bedeutung aber für die Lösung der eigentlichen Zeitprobleme von der interdisziplinären Zeitforschung bezweifelt wird (z.B. Karlheinz A. Geißler 1997).

Zur Zeitvielfalt in Natur, Kultur und Gesellschaft gehören verschiedene Formen von Zeit, die sich qualitativ unterscheiden. Werden sie in ihrem Zusammenwirken wahrgenommen, analysiert, reflektiert und in nachhaltiges Handeln umgesetzt, dann können sie für die Gesellschaft, das Individuum und die Natur stabilisierende Wirkungen haben und ein relatives Gleichgewicht ermöglichen. Werden allerdings bestimmte Formen der Zeit unterschätzt, sind Störungen und Schäden in Natur, Kultur, Gesellschaft und Individuen unausweichlich. So wird z.B. behauptet, dass die Nichtbeachtung der Zeitvielfalt die Ursache für die ökologische Krise in der Welt ist. Bei der Vielfalt von Zeitformen ist zu erwarten, dass nicht immer diejenigen in den Blick kommen, die vielleicht besonders wichtig wären. Eine verstärkte Wahrnehmung und Analyse der Vielfalt der Zeitformen und ein klares Bewusstsein von ihrer Bedeutung wird deshalb für die zukünftige Entwicklung als unerlässlich angesehen.

Zeitvielfalt in der Kindheit heute

Wie wirkt sich nun die Zeitvielfalt in der heutigen Welt auf die Kindheit aus? Seit den 80er-Jahren werden die Wirkungen der Verzeitlichung des modernen Lebens auf die Kindheit heute untersucht (u.a. Zeiher/Zeiher 1994, Nissen 1992, Westlund 1998, Zeiher 2001). Wiederholt wird beschrieben, dass Kinder in den „hoch zeitregulierten" Industriegesellschaften vom Baby-Alter an in die Verinnerlichung sozialer Zeitmuster und Zeitgefühle „hineingleiten". Nach dem Zweiten Weltkrieg können grob drei Phasen unterschieden werden:

(1) die Produktionsgesellschaft mit ihrem Nebeneinander von zweckrationalen Zeitstrukturen und Eigenzeit des Kindes im Spiel bis etwa Ende der 60er-Jahre;

(2) die sich seit dem Modernisierungsschub ab etwa Ende der 60er-Jahre ausweitende Konsum- und Dienstleistungsgesellschaft mit ihren fremdbestimmten Zeitstrukturen für Kinder und deren Bestreben nach Selbstbestimmung und Zeitsouveränität;

(3) die globalisierte Medien- und Internetgesellschaft mit ihrer Flexibilisierung von Zeitstrukturen und Vervielfältigung von Zeitmustern.

Angesichts der Pluralität von Lebensweisen in Familie, Schule und Gesellschaft kommen heute Merkmale aller Phasen nebeneinander vor.

Zeitvielfalt in der Produktionsgesellschaft

Die mit der Industrialisierung einhergehenden Produktionsabläufe in den Fabriken waren an die Tugenden der Zeitdisziplin ihrer Arbeiter gebunden. Pünktlichkeit, Stechuhr, Normalzeit und Arbeitszeitkontrolle waren die bestimmenden Merkmale. Die Einübung von Tugenden der Zeitdisziplin gehörte bis in die 60er-Jahre des abgelaufenen Jahrhunderts zu den wichtigen Erziehungszielen in Familie und Schule.

Die Zeitabläufe des Alltags von Kindern waren bis dahin einfacher strukturiert als heute. Die regelmäßigere Wiederkehr bestimmter Tätigkeiten und Ereignisse zu festen Zeiten im Tagesablauf vermittelte ihnen überschaubare Zeitorientierungen und ein Gefühl der Sicherheit und des Vertrautseins. Die Zeitstrukturierung war wesentlich durch die Zeitorganisation des Stundenplans in der Schule, durch feste Mahlzeiten, Hausaufgabenzeiten, Spielzeiten und Schlafzeiten in der Familie sowie durch Einkauf- und Spielzeiten in der nachbarschaftlichen Umgebung geprägt. Die ökonomisierte Zeit war für Kinder, abgesehen von den freien Spielphasen, durch normative Vorgaben meist relativ stark vorstrukturiert; die Strukturierung folgte aber weitgehend noch dem zyklischen Zeitverständnis im Tagesrhythmus. Die Kinder mussten sich zwar in die Zeitvorgaben der Erwachsenen durch Pünktlichkeit einfügen, hatten aber andererseits beim Spielen völlige Zeitfreiheit. Die Biographien der Großeltern zeigen, dass die Erziehung zum Umgang mit der Zeit und die bildungsinhaltliche Gestaltung der Kindheit sehr stark von schichtspezifischen Sozialisationsbedingungen abhängig waren.

Zeitvielfalt in der Konsum- und Dienstleistungsgesellschaft

Seit Ende der 60er-Jahre des vorigen Jahrhunderts hat der Modernisierungsschub nicht nur den Alltag der Erwachsenen, sondern auch die Lebensbedingungen der Kinder stark verändert. Gesellschaftliche Ursachen waren Entwicklungen zur Konsum- und Dienstleistungsgesellschaft mit den Trends zur Mobilität und Emanzipation. Die Diskussion um Chancengleichheit und Bildungsreform motivierte eine neue aufstrebende Mittelschicht zum sozialen Aufstieg durch Bildung. Damit verbunden war ein institutioneller Ausbau von Kinderbetreuungs-, Bildungs- und Freizeiteinrichtungen – aber auch die Ausweitung des Fernsehkonsums.

Diese Entwicklungen führten insgesamt zur Differenzierung bisheriger und zu neuen Zeitstrukturen. Die lineare ökonomisierte Zeitorganisation der Erwachsenen griff so stark auf die Lebensbedingungen der Kinder über, dass es kaum noch prinzipielle Unterschiede in der Zeitstrukturierung zwischen dem Alltag von Erwachsenen und Kindern gab – allerdings sehr verschieden in den unterschiedlichen örtlichen und sozialen Milieus. Das Leben in Zwei-Eltern-Familien, mit alleinerziehenden Müttern oder Vätern, mit berufstätigen Müttern, mit Großeltern zusammen oder in Wohngemeinschaften entwickelte jeweils andere Zeitstrukturierungen. Am ehesten wurden noch die Morgenzeit vor der Schule und die Abendzeit vor dem Schlafengehen sowie das Wochenende von gemeinsamen zyklischen Zeitgewohnheiten erfüllt. Die Mittagsmahlzeiten wurden in immer weniger Familien gemeinsam eingenommen. Vor allem die Nachmittagsgestaltung von Kindern war und ist sehr verschieden:

● In ländlichen Bereichen ist es noch am ehesten möglich, in *Formen traditioneller* Nachbarschaftsgruppen sich spontan mit anderen Kindern zu treffen und zu spielen.
● Durch die große Zunahme der Einzelkinder, durch weit auseinander liegende Wohnungen im Schulbezirk oder durch Freundinnen und Freunde in anderen Ortsteilen suchen Kinder oft Spielkontakte außerhalb der Nachbarschaft. Damit die *Organisation von Spielkontakten,* die oft in Zweiergruppen stattfinden, gelingt, müssen in der Schule oder am Telefon ungefähre Zeitpunkte angesprochen, feste Termine verabredet und pünktlich eingehalten werden. Kinder machen hierdurch Zeiterfahrungen, die sie zum selbstständigen Zeitdisponieren befähigen.
● Die *Wahrnehmung von Bildungs- und Freizeitangeboten* ermöglicht Kindern, wenn sie nicht überbehütet sind oder durch Leistungsstress überlastet werden, differenzierte Zeiterfahrungen zu machen. Es müssen Fähigkeiten zur Zeitplanung im Umgang mit Uhr und Terminkalender erworben werden, das System öffentlicher Zeiten kennen gelernt sowie Termine und Uhrzeiten eingehalten werden. Sie müssen die Wegezeit kalkulieren, den Umgang mit Fahrplänen und das Warten an Haltestellen oder auf den Beginn einer Veranstaltung lernen.

- Im institutionalisierten Rahmen von „offener" Kinder- und Jugendarbeit haben Kinder oft Probleme mit der pünktlichen Einhaltung bestimmter Zeitvorgaben. Sie haben häufig in ihrem familiären Zusammenhang kaum gelernt, Verabredungen selbstständig zu treffen, Zeit zu disponieren, Termine einzuhalten und konzentriert zu spielen.

- Für Hortkinder setzt sich, nachdem sie am Morgen im Rahmen der Zeitstruktur der Schule gelernt haben, der institutionell geprägte Zeitablauf am Nachmittag fort. Sie haben weder die Möglichkeit, mit ihrer Nachmittagszeit spontan und frei umzugehen, noch haben sie Gelegenheit, selbstständig mit Spielpartnern Termine abzusprechen oder besondere Freizeitangebote wahrzunehmen. Sie müssen sich bis zum Abholen durch die Erziehungsberechtigten in ihren Aktivitäten nach den Angeboten und räumlichen Bedingungen des Hortes richten. Wenn sie am Ende der Grundschulzeit den Hort verlassen, haben manche nicht gelernt, mit Zeit umzugehen und den Nachmittag selbst zu gestalten.

- *Das Fernsehen* ist ein Bereich, der schon für viele Kinder im Tageslauf strukturierende Wirkungen hat. Sie haben bereits Fernsehgewohnheiten und kennen ungefähr die Uhrzeit, zu der bestimmte Serien, Filme und Themen gesendet werden. Den Beginn einer Sendung aus dem Programmheft zu entnehmen, eine bestimmte Auswahl von Sendungen zu treffen oder einen Videorekorder zu programmieren, setzt ein selbstständiges Zeitdisponieren voraus.

Zeitvielfalt in der globalisierten Medien- und Internetgesellschaft

Seit den 90er-Jahren werden wir mit dem Trend zur globalen Medien- und Internetgesellschaft mit neuartigen Arbeitszeitmodellen konfrontiert, die einerseits mit mehr Flexibilisierung und Selbstbestimmung der Arbeitszeit und andererseits mit neuen elektronischen Zeiterfassungssystemen verbunden sind. Diese Flexibilisierung und Freiheit führt bei vielen Menschen zur Unsicherheit. Auf welche Ziele und Werte hin entwickelt sich eine solche Gesellschaft und was bedeutet dies für Kinder? HELGA ZEIHER (2001, S. 439) sieht in der Einrichtung von „verlässlichen Grundschulen" und in der Ausdehnung von Öffnungszeiten in Betreuungseinrichtungen bis hin zu „kommerziellen Rund-um-die-Uhr-Diensten" Reaktionen auf die zunehmenden flexiblen, selbst bestimmbaren Arbeitszeiten vieler Eltern. Mit der „lückenlosen Beaufsichtigung" erführen die Kinder einerseits zwar eine „Vermehrung der Zeitkontrolle durch Erwachsene", andererseits aber auch „Zeitflexibilität" durch das Beispiel ihrer Eltern, Lehrer und Sozialpädagogen.

Mangels anderer Forschungsergebnisse greift HELGA ZEIHER auf eigene Fallstudien zur alltäglichen Lebensführung Zehnjähriger in einer Berliner Mittelschichtgegend aus dem Jahr 2000 zurück. Zehnjährige trügen im Unterschied zur Untersuchung Mitte der der 80er-Jahre „keine Uhren am Arm", „obwohl ihre Wochenpläne weit mehr feste institutionelle Termine enthielten" (ebd. S. 440). Im Unterschied zu dem Nebeneinander von „gesellschaftlicher Zeitrationalität und Eigenzeit des kindlichen Spielens" bis etwa Ende der 60er-Jahre und dem Gegensätzlichen in der „dominant gewordenen Betonung von Selbstbestimmung gegenüber Fremdbestimmung der Zeit" in den 70er- und 80er-Jahren ließe sich heute eher „von einer bunt gemischten Vielfalt der von einer Person gelebten Zeitmuster und Zeitmodi sprechen." (ebd. S. 440) HELGA ZEIHER kommt zu der Schlussfolgerung: „Während Erwachsene die durchgängige Unterwerfung unter Zeitökonomie, die ihnen einst anerzogen wurde, verlernen müssen, lernen Kinder diese vermutlich gar nicht erst mehr. (...) Die im Jahr 2000 untersuchten Kinder verstanden es, mit verschiedenen Zeitmodi zu leben und sich somit keinem Modus mehr ganz zu unterwerfen. Sie akzeptierten Zeitvorgaben, aber sie legten mit der Uhr einfach von Zeit zu Zeit die Herrschaft der verselbstständigten Zeit ab." (ebd. S. 441)

Konsequenzen für den Unterricht

Die Realisierung des oben formulierten zentralen Ziels, schon im Grundschulalter auf kindgemäße Weise ein vielfältiges Zeitbewusstsein anzubahnen, das Grundlage für zeitliche Souveränität, historisches Denken und ökologisch verträgliches Handeln in der natürlichen und sozialen Mitwelt ist, setzt angesichts des linearen ökonomisierten Zeitverständnisses bestimmte pädagogisch-didaktische Konsequenzen voraus. Selbstständiger Umgang mit Zeit, Verstehen des Lebens im Wandel und Zeiten in der Natur sind mit Zielen, Themen, Inhalten, Methoden und Medien verbunden. Denn die vom Menschen gemachten Zeitbedingungen des individuellen und gesellschaftlichen Lebens sind ja nur die organisatorischen Voraussetzungen für sinnvolles inhaltsbezogenes Handeln. Erst in der Verknüpfung von Zielen und Inhalten des Handelns und der Fähigkeit zur selbstständigen Planung und Koordination von terminbezogenen und freien Zeitabschnitten liegt die Chance, heute Zeitsouveränität zu gewinnen.

Es ist selbstverständlich, dass die Kinder in der Grundschule auf das Leben in der verzeitlichten Gesellschaft vorbereitet werden und den kompetenten Umgang mit Uhren und Kalendern sowie die Gestaltung z.B. des Tageslaufs lernen müssen. Wichtiger noch, weil von existenzieller Bedeutung und aufgrund des oben erwähnten „lehrplanmäßigen Bruches" bisher stark vernachlässigt, ist die Thematisierung der Zeitvielfalt in der Natur. Ausgangspunkt unseres Zeitverständnisses sind nicht Uhr und Kalender, wie manche Kinder nach dem Unterricht über die Orientierung in der Zeit meinen, sondern die Zeitmaße der Bewegungen und Umlaufbahnen von Sonne, Erde und Mond. Grundlegend ist deshalb das Wissen, dass die Bewegungen der Himmelskörper die natürlichen Grundrhythmen des Lebens von Pflanzen, Tieren und Menschen sowie viele Abläufe in der unbelebten Natur (z.b. Temperaturen, Windverhältnisse, Niederschläge) auf dieser Erde prägen. Dieses Wissen ist Teil der „Zeitkultur", die Grundlage der Kultur überhaupt ist. Den Problemen, die aus der zunehmenden Nichtbeachtung der zeitlichen Rhythmen der Natur und der tradierten Zeitformen der Kultur resultieren, widmet sich seit Anfang der 90er-Jahre die interdisziplinäre Forschung zur „Ökologie der Zeit" (vgl. HELD/GEIßLER 1993; HELD/GEIßLER 1995; ADAM/GEIßLER/HELD 1998; GEIßLER 1997; GEIßLER 1999; ALBERT 2000).

Ein weiterer zentraler Aspekt des Phänomens „Zeit" und seiner Vielfalt ist das „historische Lernen" und die Anbahnung von „Geschichtsbewusstsein". DIETMAR VON REEKEN definiert „Geschichte" wie folgt: „Geschichte ist ein Konstruktions- und Rekonstruktionsprozess von Vergangenheit aus der Perspektive der Gegenwart mit der Zielsetzung, in Gegenwart und Zukunft die eigene Fähigkeit zum Verständnis gesellschaftlicher und individueller Prozesse zu vertiefen und Handlungskompetenz zu gewinnen." (REEKEN 1999, S. 7) Im Sinne dieser Definition soll vom ersten Schultag an die eigene Lebens- und Schulgeschichte durch die Schaffung von Dokumenten „erlebt" werden und zur Anbahnung von Geschichtsbewusstsein im Sinne der Definition von HANS-JÜRGEN PANDEL werden (vgl. z.B. REEKEN 1999, S. 9-13; SCHREIBER 1999, S. 30ff.). Zum historischen Lernen in der Grundschule sind folgende neuere Veröffentlichungen erschienen: BERGMANN [Hrsg.] u.a. 1997; G. BECK [Hrsg.] 1998; REEKEN 1999; SCHAUB 1999e; SCHREIBER 1999.

2 Themenbereiche und Vorschläge für den Unterricht

Zeiterleben in der Schulgeschichte

Wenn die Kinder in die Grundschule kommen, haben sie schon eine Vergangenheit, die in ihrem Gedächtnis durch Erlebnisse, Ereignisse, Erfahrungen und vielleicht auch durch biographisches Erinnern und Nachdenken eingeprägt ist, ohne dass ihnen ihre Vergangenheit schon bewusst geworden sein muss. Neuere Untersuchungen stellen fest: „Das autobiographische Gedächtnis beginnt im Alter von etwa vier Jahren, wenn andererseits die infantile Amnesie endet." (KÖHLER 2001, S. 69) Mit „infantiler Amnesie" ist die Tatsache gemeint, „dass eine Rückerinnerung an persönliche Erlebnisse erst ab dem 3. bis 5. Lebensjahr möglich wird, und dies zunächst auch nur bruchstückhaft." (ebd. S. 66) Im 5./6. Lebensjahr schließlich sind die gehirnphysiologischen und kognitiven Voraussetzungen zur Herausbildung eines biographischen Gedächtnisses gegeben, sich an selbst erlebte Ereignisse zu erinnern, in erzählender Weise darüber zu sprechen und auf „Zeitreise" in die eigene Vergangenheit zu gehen (ebd. S. 69). Zum autobiographischen Erinnern und Erzählen müssen aber in Familie, Vorschuleinrichtungen und Schule Gelegenheiten und eine Atmosphäre des Vertrauens vorhanden sein. Dazu ist es auch notwendig, die lange Zeit vorherrschende Annahme aufzugeben, „Kinder seien reine ‚Gegenwartswesen', ohne Zeitbewusstsein oder Zukunftsbezug" (vgl. BEHNKEN/ZINNECKER 2001, S. 64; SCHORCH/STEINHERR 2001, S. 424).

Gerade im persönlichen Bereich des Zeiterlebens, der Zeiterfahrung und der Zeitreflexion ist nicht nur am Schulanfang, sondern auch in der gesamten Grundschulzeit mit unterschiedlichen Voraussetzungen bei den Kindern zu rechnen. Während manche in der Familie durch vielfältige Erzählungen, Gespräche, Museumsbesuche, Erkundungen in der Natur, Fotos und Bücher erste Beziehungen zu Vergangenem und zu Zukünftigem entwickeln können, ist in anderen Familien der biographisch-historische Vergangenheits- und der planerische Zukunftsbezug nie ein Thema gewesen. Die Grundschule hat deshalb eine wichtige kompensatorische Aufgabe.

Sie muss durch schulische Sozialisations- und Lernprozesse bei möglichst allen Kindern die Voraussetzungen schaffen, damit sich Zeitbewusstsein, Identitätsbildung, Interesse an der Geschichtskultur und am Philosophieren über „Zeit" entwickeln kann. Dabei muss von folgendem Grundsatz ausgegangen werden: Der *Umgang mit Zeit und das Leben der Menschen im Wandel* sind mehr als nur *Objekt* schulischen Lernens. Kinder und Lehrende leben und erleben „die Zeit" *jetzt und gemeinsam*, sie erleben ihre Biographie und die Geschichte als ihre Gegenwart auch in der Schule, vielleicht nur unbewusst. *Schulzeit wird gelebt und ist erlebte Lebenszeit!* „Zeit" hat man nicht als ein Objekt vor Augen, sondern man lebt sie.

Bei der Thematisierung der Schulzeit unter dem Gesichtspunkt der biographischen Dimension der Zeit geht es darum, vom Schulanfang an Dokumente sowohl für die gemeinsame Geschichte der Schulklasse als auch für die eigene Lebensgeschichte der Kinder zu schaffen. Da beide Schwerpunkte im Verlauf der Grundschulzeit wiederholt eine Rolle spielen müssen, sollte man einen auf vier Schuljahre angelegten Perspektivrahmen mit Gestaltungsideen entwickeln. Es geht darum, in der jeweiligen realen Gegenwart des Schulanfangs *Dokumente* (z.B. Fotos, Bilder, Gegenstände) für die Lebens- und die Klassengeschichte herzustellen und zu sammeln, die in den nächsten Schuljahren zu biographisch-historischen *Quellen* für das *Erinnern* werden. Neben diesen Quellen werden das eigene Gedächtnis der Kinder und ihre *Erzählungen* wichtige *Erinnerungshilfen zur Rekonstruktion* vergangener Ereignisse und Erlebnisse sein.

In der *Retrospektive* kommt in erster Linie das Denkmodell der *linearen, irreversiblen Zeit* zur Geltung. Da die Schulzeit und damit auch die Klassengeschichte nach Schuljahren gegliedert ist, bietet sich jeweils der Anfang eines neuen Schuljahres an, um die biographische Situation durch Dokumente festzuhalten. Es sind vorwiegend ähnliche Daten und Abläufe, die wegen der relativen Gleichaltrigkeit für die Lerngruppe typisch sind. Hinzu kommen gemeinsame Ereignisse und Dokumente der vergangenen Schuljahre, die – macht man sie sich bewusst – schon einer vergangenen Zeit angehören und irreversibel sind. Bei der Verobjektivierung von Ereignissen bietet sich die chronologische Darstellung der Schulzeit im Klassentagebuch, auf einer Zeitleiste oder mit einer Zeitkette an. Die Verräumlichung des *chronologischen Zeitablaufs* bei *Zeitleisten* oder *Zeitketten* entwickelt und verfestigt so die Vorstellung von „Zeit" als Abfolge von Vergangenheit, Gegenwart und Zukunft im Bewusstsein der Kinder. Während die Dokumentenerstellung am Anfang des Schuljahres und ihre chronologische Repräsentation auf einem Zeitband eher das *lineare, quantitative Zeitverständnis* betont, wird später bei der Thematisierung der individuellen Lebensgeschichte des Kindes im fünftenThemenbereich (S. 61 ff.) Kapitel das *subjektive biographische Zeiterleben* stärker berücksichtigt.

Schulanfang: Ereignis in der Lebensgeschichte, Beginn der Klassengeschichte

Ein Klassenfoto vom Schulanfang bereitet die „Geschichte" der Klasse 1b vor. Das Foto wird im 3./4. Schuljahr zum Dokument, das Erinnerungen bei den Kindern auslöst. Beim Thema „Schule früher und heute" ist das Foto ein wichtiges Arbeitsmittel. Dass die „Zeit vergeht", wird so an der eigenen Geschichte erfahrbar. Mit dem Klassenfoto vom Schulanfang kann auch das Anlegen einer *Kartei für den Sachunterricht* (DIN-A5) und/oder eines *Klassen-Erlebnis-Buches (Geschichtsheft)* begonnen werden. Schön ist es auch, am Schulanfang einen Klassenbaum zu pflanzen, zu pflegen und dann in den folgenden Jahren wiederholt zu fotografieren.

Für einen *Steckbrief* wird jedes Kind der Klasse am Schulanfang fotografiert. Da nicht alle Eltern einen Fotoapparat haben, sollten dies die Lehrerinnen und Lehrer übernehmen (Kosten auf dem Elternabend besprechen). Für spätere Zwecke ist es wichtig, zwei Abzüge der Porträts zu machen. Die Eltern stellen ein Foto aus der Babyzeit ihres Kindes und die Angaben zu Größe und Gewicht bei der Geburt zur Verfügung (falls vorhanden). Sonst malen die Kinder auch gerne ein Bild von sich als Baby und von heute als Schulkind. Bei den Kindern am Schulanfang Größe, Gewicht und Schuhgröße festzustellen und einen Hand-, Finger- und Fußabdruck zu machen, ist für den Vergleich mit der Baby-Zeit und für spätere Vergleiche wichtig. In Partnerarbeit werden die Körperumrisse auf Packpapier gezeichnet, ausgeschnitten und als Collage gestaltet. Viele Kinder lernen ihr Geburtsdatum erstmals kennen, sie wissen meist den Monat, in dem sie Geburtstag haben, seltener das Datum und kaum das Geburtsjahr. Für die spätere Verwendung beim Geburtstagskreis, bei der Lebenskette, beim Leporello-Kalender und bei anderen Gelegenheiten sind die Fotos und der Steckbrief wichtige Dokumente aus der individuellen Lebensgeschichte.

Im folgenden Beispiel haben die Kinder des 1. Schuljahres in den vorgesehenen Rahmen auf der Karte neben ihre Porträts ein Bild von sich gemalt und ihren Namen, so wie sie es konnten, darunter geschrieben. Die Ergebnisse wurden dann im Klassenraum zu einer Porträt-Wand zusammengefügt.

Die fertigen Steckbriefe sind der erste Versuch, die Kinder im Gesprächskreis vom eigenen Lebenslauf von der Babyzeit (früher) bis zum Schulanfang (heute) frei erzählen zu lassen: „Erzählt auch von früher. Was

Porträt-Foto und Selbstbildnis von Antonia am Schulanfang

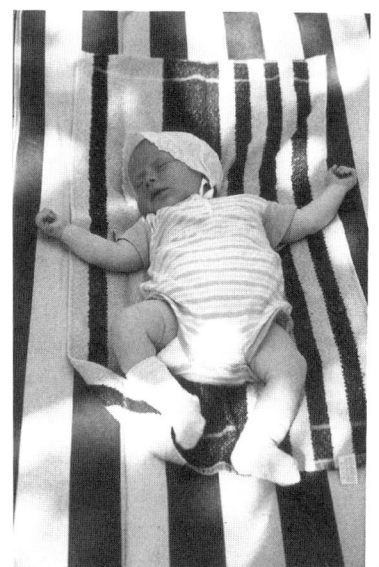

NAME: *ANTONJA*

DAS BIN ICH ALS BABY.

GEBURTSTAG: *14. Dezember 1995*
GRÖSSE: *51 cm*
GEWICHT: *3080 Gramm*

HEUTE WERDE ICH *7* JAHRE ALT.

GRÖSSE: *129 cm*
GEWICHT: *27 Kilo*
SCHUHGRÖSSE: *34*

ICH WÜNSCHE MIR *einen Hund*

Steckbriefkarte

war vor dem Schulanfang? ...und vor dem Kindergarten? ... und vorher?...
Erzählt von später, vom kommenden Schuljahr, von der Zukunft..." Wenn
die Lehrerin von sich ein Baby-Foto, ein Klassenfoto von ihrer eigenen Ein-
schulung und ein Porträt von heute mitbringt und davon erzählt, dann hat
dies für die Schulanfänger immer eine große Bedeutung.

Die Thematisierung von „Zeit" dient am Schulanfang in erster Linie der
Dokumentation und noch nicht der systematischen Entwicklung von Zeitbewusstsein, Zeitwissen und Ich-Bewusstsein. Dies muss betont werden,
damit diejenigen Kinder nicht bereits am Schulanfang überfordert werden,
die noch keine Vorstellung von zeitlichen Abläufen haben, keine zeitlichen
Angaben z.B. zum eigenen Geburtstag machen können, kein Wissen von ihrer Vergangenheit haben und auch zur Zukunft nichts sagen können. Es
geht darum, sich mit Freude im Spiegel der Fotos zu betrachten und sich mit
anderen zu vergleichen. Kinder sind verschieden! Jedes hat schon eine eigene Lebensgeschichte.

Ein neues Schuljahr beginnt (2. bis 4. Schuljahr)

Jeder Beginn eines neuen Schuljahres eröffnet Situationen, in denen Er-
innerungen an Vergangenes aus den Kindern hervorbrechen und offene
Erwartungen an das zukünftige Schuljahr ihr Verhalten bestimmen. In der
Schule läuft die Vorbereitung auf die Einschulungsfeier für die Neuen, an
der meist verschiedene ältere Klassenstufen gestaltend beteiligt sind. Die
Zweit-, Dritt- und Viertklässler erfahren, dass sie nicht mehr die Kleinen
sind und sich in der Schule bestimmte ritualisierte Ereignisse wiederholen.
Kinder haben ein großes Bedürfnis nach Wiederholungen, denn sie geben
ihnen ein Gefühl der sozialen Sicherheit und des Fortschreitens in der eigenen Entwicklung. Der Rahmen für ritualisierte Wiederholungen, Erinne-
rungsmöglichkeiten und Vorausschau muss bewusst gestaltet werden. Dabei spielen folgende Aspekte wiederholt eine Rolle:

- **Herstellung von Dokumenten wie am Schulanfang:** Klassenfoto, Foto
  von jedem einzelnen Kind, evtl. für den „Steckbrief". Die Liste für einen
  „Steckbrief" kann entsprechend erweitert werden.
- **Vergleich von Klassenfotos der verschiedenen Schuljahre:** Sarah
  meint im 4. Schuljahr: „Wir hätten uns wieder so aufstellen müssen wie
  am Schulanfang. Manche kenne ich kaum noch wieder."
- **Vergleich von Kinderfotos aus verschiedenen Schuljahren:** Auch die
  Karten mit den Porträts und den von zu Hause mitgebrachten Fotos führen zu interessanten Vergleichen. Am eigenen Leben können die Kinder
  feststellen: „Ich bin in einem Schuljahr ein Jahr älter geworden, ich ha-

---

ICH

1. Ich heiße _____

2. Ich bin _____ Jahre alt. Das Datum von heute ist:_____

    Ich bin am _____ in _____ geboren.

3. Ich bin _____ cm groß. Ich wiege _____ kg (Kilogramm).

4. Ich habe _____ Augen und _____ Haare.

    Ich habe Schuhgröße _____.

5. Ich wohne in _____ , _____ .

6. Telefonnummer_____

7. Ich habe ____Geschwister. Sie heißen _____

8. Meine Mutter heißt _____

    Mein Vater heißt _____

9. Ich besuche die _____-Schule in _____

10. Ich kann schon: _____

11. Ich habe gern _____

12. Ich habe nicht gern: _____

13. Ich möchte noch über mich sagen: _____

_____

---

be an Gewicht zugenommen, bin größer geworden und habe mich auch im Aussehen verändert." Aber dies sind nur äußere Veränderungen, die Gefühle, Gedanken, Erinnerungen und Erwartungen auslösen können.

● **Die „Klassengeschichte" auf DIN-A0-Karton für eine „Zeitleiste" dokumentieren:** Wenn Kinder im Rückblick zur Klassengeschichte Fotos von zu Hause mit in die Schule bringen, dann zeigen sie meist herausgehobene und/oder festliche Lebenssituationen und nicht so sehr Alltags- und Normalsituationen. Die Lehrerinnen und Lehrer sollten es sich deshalb zur Aufgabe machen, vom Schulanfang an vielleicht monatlich zu alltäglichen und anderen Anlässen ein Foto von bestimmten Klassensituationen zu machen, z.B. beim Besuch der Kinder bei der Lehrerin zu Hause, beim Besuch eines Gastes in der Klasse, bei Erkundungen an einem außerschulischen Lernort, beim Schlafen über Nacht in der Schule, bei einem Besuch im Schullandheim, aber auch bei der Arbeit im Schulgarten, bei der Freiarbeit oder beim Weihnachtsbasteln. Aus der Sammlung von Foto- und Bilddokumenten kann in gewissen Abständen ein neues Blatt für die Zeitleiste gestaltet werden, die von Schuljahr zu Schuljahr weiter anwächst. Zur Sammlung und Archivierung von Dokumenten aus der Klassengeschichte gehören auch Gegenstände, Fotos, Bilder, Prospekte u.a., die von Erkundungen mitgebracht oder in der Klasse hergestellt worden sind. Weiter können Foto- und Textdokumente aus Zeitungen und Zeitschriften zu orts- und allgemeingeschichtlichen Ereignissen eingebracht werden, an die sich die Kinder unmittelbar erinnern können und die ihr Leben betreffen (z.B. ein neuer Spielplatz wird im Schulbezirk geplant, gebaut und eröffnet).

● **Planung einer Ausstellung und eines Erinnerungsbuches zur „Klassengeschichte":** Am Beginn des 4. Schuljahres können Rück- und Vorausschau auch zu folgender Feststellung führen: „Wir bleiben nur noch ein Schuljahr zusammen. Und dann..." Solche Empfindungen, Gedanken oder Äußerungen belegen, dass die Grundschulzeit für die Kinder ein wichtiger Abschnitt in ihrer Lebensgeschichte ist. Gegen Ende des 4. Schuljahres gemeinsam eine „Ausstellung zur Klassengeschichte" mit den Dokumenten aus der gesamten Schulzeit vorzubereiten, die auf einem Elternnachmittag von den Kindern vorgestellt wird, führt zu einer meist lebenslangen Erinnerung. Die „Klassengeschichte" in einem kleinen Büchlein zusammenzufassen und den Kindern zum Abschied mitzugeben, hat großen biographischen Wert.

Die biographisch-historische Dimension der Zeit wird im Abschnitt „Meine Lebensgeschichte" unter anderen Aspekten fortgesetzt (s. S. 61 ff.).

Der Tageslauf – Tag und Nacht – Der Tag hat 24 Stunden

Der „Tag" ist ein astronomisch bedingtes natürliches Zeitmaß. Grundlage dafür ist das Licht der Sonne und die Erdumdrehung, durch die der zyklische Rhythmus von Tag und Nacht und damit von aufeinander folgenden Tagen im Sinne von Kalendertagen bestimmt wird.

Zum Thema „Der Tageslauf" gehören verschiedene Inhalte der astronomischen, biographischen, sozialen und chronobiologischen Formen der Zeit. Je nach Lernvoraussetzungen und Interessen der Kinder sowie Schwierigkeitsgraden der thematischen Aspekte können die Inhalte über das 1. bis 4. Schuljahr verteilt im Unterricht behandelt werden.

Aspekte des Themenbereichs sind:

● *Tag und Nacht:* Sonne und Erde als natürliche, astronomisch bedingte Zeitgeber des zyklischen Zeitrhythmus von Tag und Nacht

● *Zyklisches Zeiterleben* der Kinder durch subjektive Erlebnisinhalte im Tagesablauf am Morgen zu Hause, auf dem Schulweg, in der Schule, am Nachmittag und am Abend

● *Zeit für Schule, Arbeit und Freizeit:* Zeiteinteilung auf dem Schulweg, bei Freier Arbeit, bei Tages- und Wochenplanarbeit oder bei Projekten (Zeit empfinden, schätzen, planen; Rückschau – Vorausschau)

● Umgang mit Zeit am Nachmittag und Abend (Lernzeit, Fernsehen, Freizeitgestaltung, Spielzeit, Schlafzeit)

● physiologisch-biologische Funktionen im Tagesverlauf (z.B. 24-Stunden-Rhythmus, Schlaf-Wach-Rhythmus, Kurve der Leistungsfähigkeit u.a.)

● Tagesabläufe verschiedener Personen (Kind, Vater, Mutter u.a.)

● *Über Zeiterfahrungen nachdenken und sprechen:* Zeiten des Alleinseins, des Wartens, der Langeweile; leere Zeit – erfüllte Zeit; Erleben sinnerfüllter Eigenzeit und fremdbestimmter Zeit; Zeit füreinander haben, sich Zeit nehmen, Glück, Geborgenheit, Vertrauen; „Zeitparadoxon" (Zeit in der Erinnerung)

● *Notwendigkeit zeitlicher Ordnungen für das soziale Zusammenleben (Uhr und Kalender):* Öffentliche Zeit (z.B. Öffnungszeiten von Geschäften, Bibliotheken u.a., Abfahrzeiten von Verkehrsmitteln, Stundenplan der Schule und Ferienzeiten)

● Objektive Zeit (metrische, messbare Zeit), Umgang mit zeitlichen Ordnungsbegriffen, mit Uhren (Uhrzeiten ablesen und einstellen) und mit Terminkalendern (Zeitpläne, Zeitvereinbarungen, Pünktlichkeit); verschiedene Zeitmessgeräte

● Vergleich zwischen gemessener und persönlich erlebter und gelebter Zeit

„Der Tageslauf" am Schulanfang

Mit dem Schulanfang verändert sich für die Kinder der Tageslauf. Zeiteinteilung und Uhr bestimmen zunehmend ihren persönlichen Lebensrhythmus. Der Umgang mit Zeit wird für sie mehr und mehr zu einer Anforderung durch die Schule.

Den gesamten Tageslauf im Klassenunterricht zu thematisieren, scheint am Schulanfang verfrüht zu sein. Zunächst sollte man von den Zeitproblemen ausgehen, die Kinder nach dem Schuleintritt betreffen: das Wecken am Morgen, die Zeiteinteilung zwischen Aufstehen und Von-zu-Hause-Weggehen und die Zeiteinteilung auf dem Schulweg, um pünktlich in der Schule zu sein. Da die Praxis der Zeiteinteilung in den einzelnen Familien aufgrund von beruflichen Zwängen oder bestimmten Gewohnheiten sehr unterschiedlich ist, sind auch die Zeiterfahrungen und Zeitorientierungen der Kinder sehr verschieden. Es ist deshalb wichtig, die Zeitprobleme der Kinder kennen zu lernen und ausgleichende Lernmöglichkeiten zu bieten.

Rollenspiel zur Familienszene „Wecken und Aufstehen"

Im Gesprächskreis hat die Lehrerin gefragt: „Wie ist es bei euch? Erzählt vom Wecken und Aufstehen."

Kinderbeiträge hierzu: „Als mich meine Mutter heute Morgen weckte, habe ich mir die Bettdecke über den Kopf gezogen." – „Ich war heute noch so müde." – „Wir stehen auf, wenn der Wecker klingelt." In den Beschreibungen der Weckszene spielt der Wecker eine zentrale Rolle. Mitgebrachte Wecker verschiedenster Art werden zum Klingeln gebracht. Im Rollenspiel kann eine kleine Schülergruppe die Familienszene „Wecken und Aufstehen" spielen.

„Zeitleiste" zum Morgen – vom Aufstehen bis zum In-die-Schule-Gehen

Die Lehrerin hat auf einem Tisch Gegenstände ungeordnet ausgebreitet, die folgende Tätigkeiten am Morgen symbolisieren:

Aufstehen:	Wecker, Nachthemd oder Schlafanzug
Waschen:	Seife, Waschlappen, Handtuch
Kämmen:	Kamm, Haarklammern, evtl. Spiegel
Anziehen:	Unterwäsche, Hemd, Kleid, Hose, Pulli, Schuhe
Frühstücken:	Tasse, Messer, Gabel, Löffel, Brettchen/Teller, evtl. entsprechende Lebensmittel
Zähne putzen:	Zahnbürste, Zahnputzbecher, Zahncreme
Zur Schule gehen:	Küchenuhr, Ranzen

Die Kinder legen die Gegenstände in zeitlicher Reihenfolge auf Tische, die an der Wand entlang aufgestellt sind („Morgentische"). Es entsteht eine *Zeitleiste aus konkreten Gebrauchsgegenständen.*

Im Gespräch über diese Zeitspanne kann auch auf die *Verwendung von Zeitbegriffen* geachtet werden: z.B. plötzlich, zuerst, dann, vorher – nachher, früher als – später als, dauert länger als, dauert nicht so lange wie, schnell – langsam, rechtzeitig, pünktlich.

Die Kinder malen Bilder vom Wecken, Aufstehen, Zähneputzen, Waschen, Kämmen, Anziehen, Frühstücken und Weggehen, die in zeitlicher Reihenfolge geordnet und parallel zu den Gegenständen auf den „Morgentischen" an die Wand geheftet werden. Sie erfahren auf diese Weise, wie konkrete wiederkehrende Handlungen am Morgen zeitlich strukturiert, durch Gegenstände sichtbar gemacht und durch Bilder symbolisiert werden können. Eine ähnliche Symbolisierung von Handlungen und Zeitstrukturen erlernen die Kinder zum „Morgen in der Schule" beim Tages- und beim Wochenplan.

Über Tag und Nacht sprechen

Zwischen dem 1. und dem 21. Dezember geht die Sonne zwischen etwa 8.00 Uhr und 8.15 Uhr auf. Wie erleben Kinder der ersten Schuljahre die Morgenstimmung in der dunklen Jahreszeit auf dem Schulweg? Erinnern sie sich vielleicht noch an den Beginn des Schuljahres, als die Sonne schon morgens hoch am Himmel stand, wenn sie in die Schule kamen? Haben die Kinder aufgrund solcher Naturerfahrungen Fragen zu den unterschiedlichen Längen von Tag und Nacht? Oder fehlen ihnen heute solche elementaren Eindrücke, weil der heraufkommende Morgen am Winterhimmel für sie wegen des elektrischen Lichtes zu Hause, auf der Straße und in der Schule nicht mehr so elementar erfahrbar ist? Vielleicht fehlen manchen Kindern solche Naturerfahrungen auf dem Schulweg, weil sie mit dem Auto zur Schule gebracht werden. Wie kann die Schule dazu beitragen, Kindern wieder reale Naturerfahrungen der morgendlichen Dämmerung zu ermöglichen und bewusst zu machen? Was die „Dämmerung" astronomisch bedeutet und wie sie sich in der Natur auswirkt, ist für die Behandlung im Unterricht vielleicht jetzt noch zu früh.

In der Vorweihnachtszeit sind die Kinder durch verschiedene zeitstrukturierende Erlebnisse (z.B. Adventskranz, Adventskalender, Barbarazweige, St. Martin, Nikolaus, Laternenumzug, Plätzchen backen, Geschenke basteln) und die Vorfreude auf das Weihnachtsfest besonders offen für zeitbezogene Themen. Am Beginn eines Schulmorgens, wenn draußen die Morgendämmerung in den Sonnenaufgang übergeht und im Klassenraum die Dunkelheit durch Adventskerzen erhellt wird, ist ein besonders günstiger Zeitpunkt gegeben, um von den bisherigen Naturerfahrungen der Kinder aus das Thema „Tag und Nacht" aufzugreifen.

Im Sitzkreis werden die Kinder daran erinnert, dass es im zurückliegenden Schuljahr Zeiten gab, in denen sie morgens bei strahlendem Sonnenschein zur Schule gegangen sind. Und jetzt ist es morgens noch dunkel. Der Blick aus dem Fenster bestätigt dies. „Ist denn jetzt noch Nacht oder schon Tag?" Die Kinder erörtern mit ihrem Wissen, wann im Winter der Tag anfängt und die Nacht aufhört. Noch während des Gesprächs geht die Sonne auf, und es wird hell. Nicht für alle Kinder fängt der „Tag" mit dem Sonnenaufgang an und hört mit dem Sonnenuntergang auf. Manche Kinder verbinden mit dem „Tag" die Zeit vom Aufstehen bis zum Ins-Bett-gehen.

Die Beiträge der Kinder können zusammenfassend ergänzt werden: Durch den Verlauf der Sonne am Himmel entsteht für uns „Tag" und „Nacht". Vom Sonnenaufgang am Morgen bis zum Sonnenuntergang am Abend ist es hell; es ist Tag. Vom Sonnenuntergang bis zum Sonnenaufgang am Morgen ist es dunkel; es ist Nacht. Tag und Nacht sind nicht immer gleich lang. Im Sommer ist der Tag länger und die Nacht kürzer als im Winter. Im Winter dauert die Nacht länger als der Tag.

Wenn die Kinder danach fragen, wie Tag (hell) und Nacht (dunkel) entstehen, benutzen wir ein Modell mit einem Globus (Erde) und einer gut strahlenden Lampe als Sonne (Schreibtischlampe, Diaprojektor, Overheadprojektor oder eine geeignete Taschenlampe). Auf dem Globus wird unser Standort (Deutschland) mit einem Klebeplättchen oder einem Spielepüppchen markiert. Nun wird der Globus im abgedunkelten Raum von der Seite her angestrahlt. Dabei ist es günstig, wenn unser Standort zunächst in der dunklen Hälfte liegt. Jetzt beginnen wir, langsam den Globus im Uhrzeigersinn zu drehen und beschreiben dabei, was sich ereignet. (Anmerkung: Das Drehen des Globus im Uhrzeigersinn ist für das Verständnis jüngerer Kinder im Hinblick auf das Erlernen der Uhrzeiten und des 24-Stunden-Tagesablaufs einfacher. Das Verstehen der Erdrotation im Gegenuhrzeigersinn setzt eine astronomische Vorbereitung der Kinder voraus, die später erfolgen sollte.) Wir beschreiben:

> Die Erde dreht sich um sich selbst. Das Püppchen kommt aus der Dunkelheit der Nacht ins Licht, die Sonne geht auf, und es wird Morgen. Wir stehen auf, waschen uns, ziehen uns an, frühstücken und gehen in die Schule. Während wir in der Schule sind, drehen wir uns der Sonne weiter entgegen bis es Mittag ist (zwischen 12 und 13 Uhr). Die Erde dreht sich weiter, und wir (das Püppchen) entfernen uns wieder weiter von der Sonne. In der Zeit, am Nachmittag, spielen wir, machen Hausaufgaben und gehen anderen Beschäftigungen nach. Wenn die Sonne untergeht und es wieder dunkel wird, ist der Abend da. Wir essen unser Abendbrot, waschen uns, putzen die Zähne und gehen ins Bett. In der Nacht schlafen wir. Auf der anderen Seite der Erde ist es jetzt hell, es ist dort Tag. Die Kinder gehen dort zur Schule oder spielen. Und wenn es bei ihnen langsam wieder Nacht wird, beginnt bei uns ein neuer Morgen, ein neuer Tag.

Schön ist es, wenn den Kindern auf Kalenderblättern oder in Büchern Fotos von der „aufgehenden" Erde im Weltall gezeigt werden können, die von einem Raumschiff oder vom Mond aus gemacht worden sind.

Um den Unterschied zwischen dem Begriff „Tag" und dem „Kalendertag" deutlich zu machen, ist es günstig, die Arbeit mit der Tageskette fortzusetzen, um die folgende Erkenntnis mit Hilfe des Materials vielleicht leichter zu gewinnen: Tag und Nacht zusammen sind immer gleich lang. Tag und Nacht zusammen dauern immer 24 Stunden. Es ist die Zeitdauer, in der sich unsere Erde einmal um sich selber dreht. Wir sagen auch: Die Erde braucht 24 Stunden, um sich an einem Tag (Kalendertag) einmal um sich selbst zu drehen. Aber wann beginnt und wann endet der Tag als Kalendertag?

Die Tageskette

Zur Darstellung des *zyklischen Tag-Nacht-Rhythmus* und des zeitlich strukturierten *24-Stunden-Tageslaufs* ist in Anlehnung an WÖBCKE-HELMLE/HELMLE (1998) die Tageskette ein flexibel zu verwendendes didaktisches Material. Sie ist als Abstraktion der Wirklichkeit ein Modell zur Entwicklung der kindlichen Zeitvorstellungen und Zeitbegriffe. Die Tageskette bietet eine Vorstellung vom Ganzen des Tages. Sie bildet das materialisierte Grundgerüst, das durch Zusatzmaterialien ergänzt wird, die unterschiedliche Aspekte des Themas darstellen. Dabei kommt dem Erzählen eine besondere Bedeutung zu, durch das zyklisches Zeiterleben, subjektive Erlebnisinhalte im Tageslauf und Zeiterfahrungen den Kindern bewusst gemacht werden können.

Material

Die *Tageskette* besteht aus *24 Holzkugeln* (Durchmesser 5 cm). Jede Kugel hat eine Farbe, die in etwa die Farbe des Lichtes und der Wärme zu einer bestimmten Tageszeit repräsentieren soll. Die Kugel für 0/24 Uhr ist schwarz und die für 12 Uhr ist orange. Dazwischen liegen Kugeln mit Farbtönen eines Farbkreises, und zwar Blau- und Schwarztöne zur Nacht, Gelbtöne zum Morgen, Orange zum Mittag, Rottöne zum Nachmittag, Violetttöne zum Abend. Für den Farbkreis können auch andere Farbzusammenstellungen gewählt werden, die dem eigenen Empfinden der Farben des Tages entsprechen. Die Kugeln sind auf einer dicken Schnur aufgezogen und einzeln durch Knoten getrennt, damit sie nicht verrutschen. Zu jeder Kugel gehört ein *Stundenpfeil* mit der Uhrzeit und ein rechteckiges *Tätigkeitsplättchen*, die in der gleichen Farbe lackiert sind.

An die Stelle der Holzkugel-Kette können auch farbige Holzscheiben oder Fotokartonplättchen (Durchmesser 5 cm) treten, die zu einem Tageskreis gelegt werden. Eine Minimallösung stellt auch ein Tageskreis mit 24 gezeichneten Kreisen dar, die entsprechend bunt ausgemalt sind.

Ferner sollten zur Grundausstattung gehören: Bild- und Textkarten zum Tageslauf, Figuren und Gegenstände aus der Puppenstube, Globus und strahlende Lampe. (vgl. Hinweise zur Materialherstellung siehe unten)

Unterrichtsverlauf

Die bunte Tageskette wird im Uhrzeigersinn ausgelegt und dabei den Kindern erzählt: „Dies ist die Tageskette mit 24 Holzkugeln. Weil ein Tag 24 Stunden hat, gehört zu jeder Stunde eine Holzkugel." Erfahrungsgemäß schalten sich die Kinder schnell ein, indem sie sagen: „Die dunklen Holzperlen zeigen die Nacht, die hellen den Tag." Zwei Kärtchen mit den Begriffen „Tag" und „Nacht" werden in die obere und untere Hälfte des Tageskreises gelegt. Dann wird begonnen:

„Heute ist der ... Dezember. Der neue Tag hat um *0 Uhr* begonnen. Um *0 Uhr* ist *Mitternacht*". (Der Pfeil für „0 Uhr" wird an die schwarze Holzkugel gelegt.)

„Wenn die 1. Stunde des Tages vorbei ist, ist es 1 Uhr." (Der 1 Uhr-Pfeil wird angelegt.)

„Wenn die 2. Stunde des Tages vorbei ist, ist es 2 Uhr." (Der 2 Uhr-Pfeil wird angelegt.)

Usw. Erfahrungsgemäß schalten sich die Kinder ein und setzen die Reihenfolge fort, bis sie 24 Uhr erreicht haben und sich wundern, dass dort schon „0 Uhr" liegt.

„Wenn die 24. Stunde vorbei ist, ist es 24 Uhr. Dann endet der Tag. Gleichzeitig ist es 0 Uhr, und es beginnt die 1. Stunde des neuen Tages."

Anschließend werden die Kärtchen mit den Tageszeit-Begriffen „Mitternacht" (schwarze Kugel), „Mittag" (orange Kugel), „Morgen", „Abend", „Vormittag", „Nachmittag" angelegt.

Tageskreis mit Uhrzeitpfeilen

Mit der vergrößerten Kopiervorlage zum *Schülermaterial* können die Kinder die Uhrzeiten an ihren Tageskreis schreiben und die Kugeln farbig anmalen.

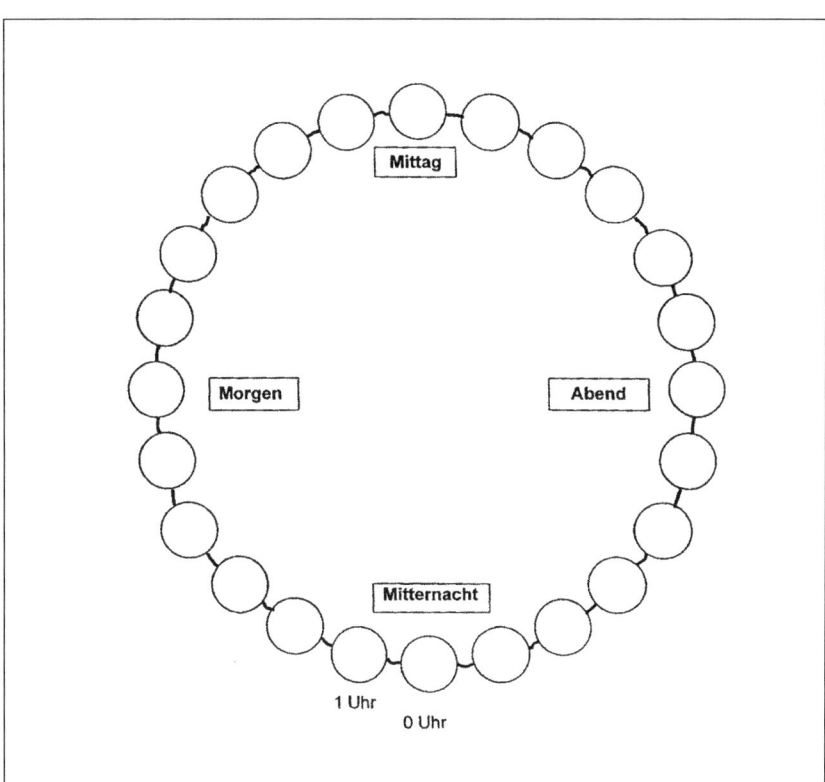

Schülermaterial zur Tageskette

Die Tätigkeitenplättchen

In einem weiteren Durchgang werden 24 farbige Tätigkeitenplättchen um die Tageskette herumgelegt und den entsprechenden Holzkugeln zugeordnet. Sie bilden die Unterlage für Gegenstände, Fotos oder Bilder zu den einzelnen Stunden im Tagesablauf. Für die Gestaltung können die Kinder aus ihren Puppenstuben geeignete Püppchen und Gegenstände vom alltäglichen Tageslauf (z.B. Zahnbürste, Seife, Geschirr, Ranzen, Bettchen u.a.) mitbringen. Eine ganze Püppchenfamilie (Eltern, Kinder, Großeltern) hat im Tageslauf viel zu erzählen und animiert die Kinder zu interessanten Rollenspielen, vor allem in der Freien Arbeit.

Tageskreis mit Püppchen und Gegenständen

Vom Tageslauf erzählen

Mit Hilfe der Püppchen und der Utensilien sollte die Geschichte eines typischen Tagesablaufs von den Kindern der eigenen Klasse erzählt werden. In Klassen mit Freier Arbeit kann sich die Darbietung auch auf die Interessen Einzelner beziehen. Das Erzählen kann dabei am Morgen nach dem Wachwerden oder Klingeln des Weckers beginnen, indem die entsprechenden Figuren und Utensilien auf die Tätigkeitenplättchen gestellt werden, und dann von Stunde zu Stunde bis zur Nacht fortgesetzt werden. Beim Erzählen können zunächst typische Erlebnisinhalte im Tageslauf in den Mittelpunkt gestellt werden, die sich fast täglich wiederholen, um so den Charakter zyklischen Zeiterlebens bewusst zu machen. Es können aber auch z.B. Probleme der Zeiteinteilung auf dem Schulweg oder des Umgangs mit Zeit am Nachmittag und Abend taktvoll thematisiert und in das Erzählen eingeflochten werden. Hieraus ergeben sich vielfältige Gesprächsanlässe und Anstöße für erzieherische Lebenshilfe. Nach dem Erzählen werden die Püppchen und Utensilien abgeräumt, und die Kinder können ihren eigenen Tageslauf gestalten und erzählen.

Bildkarten, Fotos und Textkarten

Anstelle der Püppchen und Utensilien können die Kinder auch vorgefertigte Bildkärtchen oder Fotos mit typischen Situationen vom Tageslauf um die

Tageskette legen. Bilder können z.B. in Schulbüchern gefunden werden. Hierzu gibt es weiter kleine Textkarten mit jeweils einem Satz, die mit den Kindern auch zusammen entwickelt werden können. Solche Sätze sind z.B.: Ich wache auf. – Ich wasche mich und putze die Zähne. – Ich frühstücke. – Ich gehe in die Schule. – Ich schlafe. Besonders schön sind Bildkärtchen in der Größe der Tätigkeitenplättchen, die die Kinder selbst gezeichnet und bemalt haben. Es können Bildchen vom vergangenen Tag (Erinnerung, Vergangenheit), vom heutigen Tag (Gegenwart) oder vom morgigen Tag (Erwartung, Planung, Zukunft) sein. Wem das Zeichnen und Malen zu lange dauert, der kann z.B. auch für die 24 Stunden des folgenden Tages seine voraussichtlichen Tätigkeiten auf kleine Stundenblätter mit einem Satz schreiben und die Realisierung am nächsten Tag von Stunde zu Stunde überprüfen. So entstehen Bilder und Texte mit den subjektiven Erlebnisinhalten der Kinder im Tagesablauf. Manche Kinder machen sich ein persönliches „Tagesbüchlein“, in dem für jede der 24 Stunden eine Seite mit Bild, Text und Uhrzeit der Stunde vorhanden ist.

Die Tageskette kann auch linear ausgelegt werden und Gelegenheit bieten, Bilder von Tagesläufen verschiedener Personen (z.B. Vater, Mutter, Kind) anzulegen und miteinander zu vergleichen.

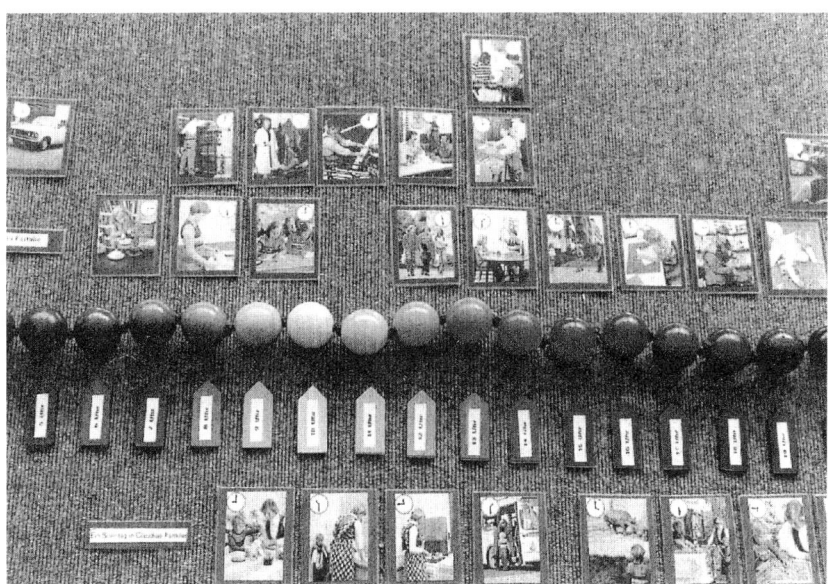

Lineare Auslegung der Tageskette mit Fotokarten verschiedener Tagesläufe

Herstellung der Tageskette

Die Tageskette hat ausgelegt einen Durchmesser von ca. 55 cm, mit Tätigkeitenplättchen bzw. Bildkarten ca. 80 cm und mit Textkarten ca. 100 cm. Für die Herstellung einer Kette werden gebraucht:

- 24 Holzkugeln mit Loch, 5 cm Durchmesser, natur unlackiert;
- Schnur, die sich leicht knoten lässt, aber dick genug ist;
- Bastelfarben: Gelb, Rot, Blau, Grün, Weiß und Schwarz, aus denen alle weiteren
  Farbtöne gemischt werden können;
- Haarpinsel, Wasserbehälter, Lappen;
- Holzstäbchen zum Halten der Holzkugeln beim Anmalen und Trocknen, die in
  mehreren Gläsern abgestellt werden können;
- Mischpalette (z.B. Plastikeinsatz einer leeren Pralinenschachtel);
- Klarlack (Sprühlack, matt oder hochglanz).

Die *Auswahl und Kombination der Farben* sollen den Stimmungen von Licht und
Wärme der Sonne im Tagesablauf nahe kommen. Gelb- und Rottöne vertreten eher
Helligkeit und Wärme, während Blau- und Schwarztöne Dunkelheit und Kühle repräsentieren. Grün sollte nicht verwendet werden. Vorschlag für einen Farbkreis:
Der Tag (6 Uhr) kann mit einem hellen Blau beginnen. Darauf folgen ein ganz helles Gelb (7 Uhr), ein helles Gelb (8 Uhr) und ein reines Gelb (100%) für 9 Uhr. Durch
schrittweise Beimischung von Rot in Gelb (10 Uhr, 11 Uhr) erreicht die 12-Uhr-Ku-
gel ein Orange (50% Gelb, 50% Rot). Das Gelb nimmt dann schrittweise ab (13 Uhr,
14 Uhr) und führt bei der 15-Uhr-Kugel zu einem reinen Rot (100%). Durch schrittweise Beimischung von Blau in Rot (16 Uhr, 17 Uhr) entsteht bei der 18-Uhr-Kugel
Violett (50% Rot, 50% Blau). Im weiteren Verlauf nimmt das Rot gegenüber dem
Blau ab (19 Uhr, 20 Uhr) und führt bei der 21-Uhr-Kugel zum reinen Blau (100%).
Die Holzkugeln der Nacht können ein dunkles Blau und die Mitternachtskugel
(24/0 Uhr) Schwarz aufweisen. – Für eine Kugel, den dazugehörenden Pfeil und
das Tätigkeitenplättchen reicht in der Regel eine Farbmenge von ca. 10 ml aus.
Die *Stundenpfeile* mit Uhrzeitangabe (Höhe: 3 cm, Gesamtbreite mit Spitze: 7 cm)
und die *Tätigkeitenplättchen* (Breite: 9 cm, Höhe: 6,5 cm; für Fotos im Format 9
cm mal 13 cm entsprechend größer) können aus Sperrholz gesägt oder aus Foto-
karton geschnitten werden. Sie sollten die gleichen Farben haben wie die entsprechenden Holzkugeln. Die Stundenpfeile werden mit den Uhrzeiten von 0 Uhr bis 24
Uhr durch Aufkleben der Texte beschriftet.
Pfeile zum *Sonnenaufgang* und zum *Beginn der Nacht*: Die Sonne und der Mond
werden gelb und die Pfeile hellblau angemalt. Der Sonnenpfeil wird in der entsprechenden Jahreszeit an die Stunde des Sonnenaufgangs und der Mondpfeil an
die Stunde des Sonnenuntergangs gelegt.

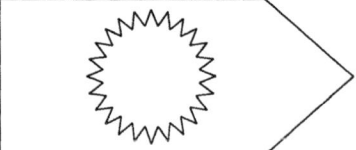 

Das Jahr und der Kalender

Während die natürlichen äußeren Zeitgeber Sonne, Erde und Mond die Zeitmaße der Natur auf der Erde seit vielen Millionen Jahren prägen und sich Pflanzen, Tiere und Menschen in der langen Evolution des Lebens mit ihren biologischen „inneren Uhren" unbewusst an die natürlichen Rhythmen angepasst haben, werden die ersten Kalender vor etwa 5000 Jahren ungefähr gleichzeitig mit der Entwicklung der Schrift- und Ziffernsysteme in den antiken Hochkulturen konstruiert. Dabei ist erstaunlich, dass der kalendarische Kern der Aussagen seitdem unverändert geblieben und nur durch weit zurückliegende Kalenderreformen präzisiert worden ist. Die Motive für die Schaffung der ersten Kalendersysteme sind nicht nur in den mathematisch-astronomischen Fähigkeiten und kultisch-religiösen Bedürfnissen, sondern angesichts der jahreszeitlich bedingten Überschwemmungen und Trockenzeiten in der Planbarkeit von Aussaat und Ernte, der Regulierung von Bewässerungssystemen und von Zeiten für Märkte in den dicht besiedelten Regionen an Euphrat, Tigris und Nil zu suchen.

Bei den Beobachtungen der regelmäßigen Bewegungen der Himmelskörper sind die Rhythmen von Mond und Sonne als natürliche Zeitmesser für die Existenz der Menschen von grundlegender Bedeutung geworden. Diese natürlichen Vorgaben haben sich in den Kalendern niedergeschlagen. Zu unterscheiden sind Kalender, die auf dem *Mondjahr* oder auf dem *Sonnenjahr* aufbauen. Das Wissen über die Entwicklung der Kalender ist die notwendige Voraussetzung für die Behandlung des Themas „Das Jahr und der Kalender" in der Schule.

Das Mondjahr als Grundlage des Islamischen Kalenders

Der Islamische Kalender ist die einzige weit verbreitete kulturelle Zeitordnung, die sich unabhängig vom Sonnenjahr nur am Lauf der Mondes orientiert (vgl. Koran, 10. Sure, Vers 6). Die Umlaufzeit des Mondes um die Erde beträgt von Neumond zu Neumond 29 1/2 Tage (genauer: 29 Tage, 12 Stunden, 44 Minuten und 2,8 Sekunden). Das Mondjahr besteht also aus 12 Mondumläufen mit zusammen 354 1/3 Tagen (genauer: 354 Tage, 8 Stunden und 48 Minuten). Jedes dritte islamische Mondjahr hat 355 Tage. Da das Mondjahr etwa 11 Tage kürzer ist als das Sonnenjahr, geht bei einer Umrechnung der islamische Jahresbeginn jedes Jahr um 11 bzw. 10 Tage zurück durch das Sonnenjahr. Das Gleiche gilt für die islamischen Feiertage. Jedes Jahr und jeder Monat beginnt bei Neumond. Die Monate dauern abwechselnd 29 und 30 Tage. Der Tag beginnt bei Anbruch der Dunkelheit. Die islamische Zeitrechnung fängt mit der Auswanderung Mohammads aus

Mekka nach Medina im Jahre 622 n.Chr. an. Seitdem sind – im Jahr 2002 n. Chr. – 1423 islamische Jahre vergangen.

Information zum Islamischen Kalender
1) Monate
Auf die freien Linien können zu den Monaten des Islamischen Kalenders die passenden Daten aus dem Gregorianischen Kalender geschrieben werden.

1. Monat: Muharram

2. Monat: Safar   (30 Tage)   _____

3. Monat: Rabi al-Awwel   (29 Tage)   _____

4. Monat: Rabi al-Achir   (30 Tage)   _____

5. Monat: Dshumada l-Ula   (29 Tage)   _____

6. Monat: Dshumada l-Achira   (30 Tage)   _____

7. Monat: Radschab   (29 Tage)   _____

8. Monat: Schaban   (30 Tage)   _____

9. Monat: Ramadan, Fastenmonat   (29 Tage)   _____

10. Monat: Schawwal   (30 Tage)   _____

11. Monat: Su l-Kada   (29 Tage)   _____

12. Monat: Su l-Hiddscha   (30 Tage)   _____

                                     (29 oder 30 Tage) _____

Das islamische Neujahr beginnt im Jahr 2002 am 15.03. und im Jahr 2003 am 04.03.

2) Islamische Feiertage 2002/2003
Das Datum hinter dem Namen des Feiertages bezieht sich auf den Gregorianischen Kalender.

	2002	2003
Das Opferfest:	22.02.	12.02.
Das islamische Neujahr 1423 n.H. und 1424 n.H.:	15.03.	04.03.
Ashura-Fest (Fasten- u. Rettungstag des Propheten Moses):	24.03.	13.03.
Mevlid (Geburtstag des Propheten Muhammad):	25.05.	14.05.
Ramadan (Anfang des Fastenmonats):	06.11.	27.10.
Das Fastenbrechenfest 1423 und 1424:	05.12.	25.11.

Erläuterungen zu den islamischen Festen und Feiertagen

1) **Das Fastenbrechenfest** wird arabisch „Idul Fitr" und türkisch „Seker Bayrami" genannt. Es wird als Abschluss des Fastenmonats Ramadan gefeiert.

2) **Das Opferfest** wird arabisch „Idul Adha" und türkisch „Kurban Bayrami" genannt. Es ist das höchste islamische Fest.

Diese beiden Feste sind für alle islamischen Rechtsschulen und Völker verbindlich und gelten als die eigentlichen Feste des Islam. Sie richten sich nach dem islamischen Mondkalender. Ihre Festlegung und Umrechnung auf den Gregorianischen Kalender wird in manchen islamischen Rechtsschulen nicht nur von der astronomischen Berechnung abhängig gemacht, sondern auch von der eigentlichen Sichtung des Neumondes. Dies führt dazu, dass die genaue Festlegung besonders beim Ramadanfest manchmal erst am Vorabend des Festes möglich ist.

3) Das **islamische Neujahrsfest**, das **Ashura-Fest** und das **Mevlid-Fest** werden als festliche Anlässe betrachtet und haben keinen einheitlich verbindlichen Charakter im theologischen Sinne.

Das Sonnenjahr als Grundlage des Gregorianischen Kalenders

Das Sonnenjahr gibt den Ablauf der Jahreszeiten zwischen den Frühlingspunkten wieder und entspricht der Umlaufperiode der Erde um die Sonne. Die Umlaufzeit der Erde um die Sonne beträgt 365 1/4 Tage (genauer: 365 Tage, 5 Stunden, 48 Minuten und 46 Sekunden). Der in der Bundesrepublik Deutschland verwendete Kalender beruht auf dem Julianischen Kalender (Reform durch Julius Caesar 46 v.Chr.) und dem Gregorianischen Kalender (Reform durch Papst Gregor XIII. 1582 n.Chr.). Da die Zeitmaße des natürlichen Jahres nicht in einem ganzzahligen Verhältnis zueinander stehen und nicht ganze Tage betreffen, wurde die Jahreseinteilung im Kalender künstlich durch eine kulturelle Zeitordnung reguliert. Beim Julianischen Kalender wurde damals festgelegt: Das Jahr enthält 365 Tage, in den durch 4 teilbaren Schaltjahren zum Ausgleich 366 Tage. Das Kalenderjahr beginnt am 1. Januar (45 v.Chr., Tag des 1. Neumonds nach der Wintersonnenwende, zugleich Amtsantritt der Konsuln). Es enthält in Anlehnung an das Mondjahr 12 Monate, deren Längen im Wechsel von Januar an auf 31 und 30 Tage willkürlich festgelegt wurden; Schaltmonat sollte der Februar mit 29 Tagen, im Schaltjahr mit 30 Tagen sein. Nachdem der 7. Monat als Geburtsmonat von Julius Cäsar den Namen Julius (31 Tage) erhalten und der 8. Monat nach dem Kaiser Augustus benannt worden war und wegen der Gleichrangigkeit auch 31 Tage bekommen musste, wurde der Schaltmonat Februar auf 28 bzw. 29 Tage im Schaltjahr gekürzt. Diese Einteilung ist bis heute geblieben. Die Monatsnamen des heutigen Kalenders sind ausnahmslos römischer Herkunft. Im 1. Jahrhundert n.chr. wurde aus dem Jüdischen Kalender die 7-Tage-Woche in den Julianischen Kalender integriert. Im Jahr 325 n.chr. wurde der Julianische Kalender auf dem Konzil von Nicäa zur Grundlage der christlichen Zeitrechnung erklärt, womit auch die Integration der christlichen Feste verbunden war. Der seit 1582 n.Chr. in Kraft getretene Gregorianische Kalender verrechnete den bisherigen jährlichen zeitlichen Überhang von 11 Minuten und 14 Sekunden so, dass der Schalttag (29. Februar) in jeweils 400 Jahren dreimal ausfällt, und zwar in den Jahren, die durch 100 teilbar sind. Dies betraf und betrifft die Jahre 1700, 1800, 1900, 2100, 2200, 2300. Das Jahr 2000 ist Schaltjahr gewesen, das Jahr 2400 wird es sein.

Ökologische Konsequenzen aus der Verzeitlichung des modernen Lebens

Für den längsten Teil der Kulturgeschichte gehörten die natürlichen Zeitvorgaben durch die Wanderung von Sonne und Mond über den Himmel und das Kommen und Gehen der Jahreszeiten zu den unmittelbaren Erfahrungen der Menschen, mit denen vorrangig auch ihre Nahrungsgrundlagen verbunden waren. Dagegen führt das Leben in den modernen, globalisierten Industrie-, Dienstleistungs- und Internetgesellschaften mit ihrem jahreszeitenunabhängigen Konsum, ihrer elektrifizierten Medienwelt und ihrem ökonomisierten Rund-um-die-Uhr-Wirtschaften im Bewusstsein und Verhalten zur Ablösung von den natürlichen Zeitrhythmen und Zeitmaßen. War der Gebrauch von Kalendern in früheren Jahrhunderten noch von dem Wissen um die Entsprechung von natürlich-zyklischer und kultureller Zeitordnung geprägt, so werden Kalender heute mehr und mehr zum Instrument einer linear ausgerichteten Lebensführung, deren Ausdruck z.B. Beschleunigung, Mobilität, Zeitmangel, Termindruck und Zeitmanagement sind. Um den damit verbundenen ökologischen Problemen für die natürliche und soziale Mitwelt entgegenzuwirken, muss den natürlichen zyklischen Grundrhythmen des Jahres und der Jahreszeiten bei der Vermittlung des Kalenders mehr Beachtung geschenkt werden.

Ziel muss es sein, sich bewusst zu machen, dass die natürlichen Zeitgeber wie vor Millionen Jahren weiterhin wirksam sind, der Mensch als biologisches Wesen Teil der Natur ist und bleiben wird. Es geht deshalb heute darum, *angemessene Zeitmaße* für unseren Umgang mit der natürlichen Mitwelt, mit unserer eigenen inneren Natur und mit der Kultur zu finden.

Zyklische Zeitdarstellungen zum Jahreskreis

Der Anfang eines neuen Jahres ist in der Grundschule immer ein günstiger Zeitpunkt für das Thema „Zeit" und insbesondere für das Thema „Das Jahr und der Kalender". Die ersten Schultage nach den Weihnachtsferien bieten vielfältige Gelegenheiten zum Gespräch über Silvester, über das vergangene Jahr und über die zukünftigen Monate. Meist werden verschiedene Kalenderarten auf einem Ausstellungstisch ausgebreitet: z.B. Tagesabreißkalender, Wandkalender mit unterschiedlichen Bildmotiven zu den zwölf Monaten, leporelloartige Taschenkalender, Halbjahreskalender als Beilage in Tageszeitungen, Geburtstagskalender. Es stellen sich viele Fragen, z.B.: Warum braucht man am Beginn des Jahres einen neuen Kalender? Wie sind die Kalender eingeteilt? Welche Informationen kann man aus den verschiedenen Kalendern entnehmen? Warum beginnt das Jahr am 1. Januar und nicht nach der Wintersonnenwende? Warum sind die Monate unterschiedlich lang? Was kehrt in jedem Jahr immer wieder?

Da sich die Kinder das zyklisch Wiederkehrende in der Natur und im Leben der Menschen erst allmählich im Verlauf des 2. bis 4. Schuljahres bewusst machen können und es ihnen im 2. Schuljahr sicherlich noch schwer fällt, im Rückblick und in der Vorausschau alles Wichtige zusammenzutragen, sollte der Zugang über Erlebnisse und Erfahrungen der einzelnen Kinder gesucht werden. Eine Hilfe für den Zugang sind vorstrukturierte didaktische Materialien.

Materialübersicht

Arbeitsblätter

In der traditionellen Literatur sind vorwiegend zyklische Zeitdarstellungen zum Jahreskreis auf Arbeitsblättern zu finden. Sie sollen die Entwicklung zyklischer Zeitvorstellungen bei Kindern durch die grafische Gestaltung des Jahreskreises, der zwölf Monate und der vier Jahreszeiten fördern. Die Aufgabe besteht entweder darin, zu vorgegebenen Bildern die Namen der entsprechenden Monate und Jahreszeiten einzutragen, oder umgekehrt zu den vorgedruckten Namen selbst Bilder zu malen oder bebilderte Monatssegmente auszuschneiden und in der richtigen Reihenfolge in den leeren Jahreskreis einzukleben. Das Jahr als Jahreskreis mit zwölf Segmenten darzustellen, ist zwar ein wichtiges Mittel zum Erfassen der zwölf Monate, es reicht aber nicht aus, das Jahr mit seinen 365 Tagen zu thematisieren, wie es mit der unten dargestellten kleinen und großen Jahreskette möglich wird. Die folgende Zeichnung kann zur Herstellung von Arbeitsblättern genutzt werden.

Herstellung von Folien, Schablonen und Tonpapiersegmenten
Zeichnungen für Jahreskreissegmente herzustellen, ist nicht einfach. Mit der folgenden Abbildung geht es schnell und einfach.

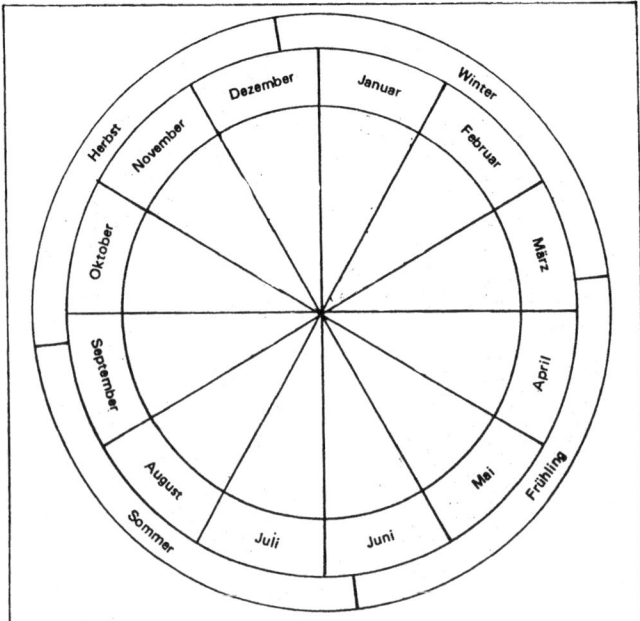

Verkleinerte Abbildung des Jahreskreises

Ziel ist eine *Schablone* zum Zeichnen auf Tonpapier bzw. Tonkarton. Zuerst wird von der Zeichnung des Jahreskreises eine Folie hergestellt. Dann wird an der Wand oder an der Tafel ein Blatt weißer Tonkarton für die Schablone befestigt. Darauf wird mit dem Overheadprojektor und der Folie ein Monatssegment für die Monate oder *drei* Monatssegmente für eine Jahreszeit projiziert. Die gewünschte Größe der Segmente kann durch den Abstand des Overheadprojektors von der Wand oder der Tafel bestimmt werden. Durch Überzeichnen der projizierten Linien mit einem Filzstift und einem großen Lineal entsteht das entsprechende Schnittmuster für die Schablone. Um später die kleine Jahreskette mit ihren 365 bzw. 366 Tagen um den Jahreskreis legen zu können, wurde der Durchmesser auf 65 cm festgelegt. Für die darauf bezogenen Vierteljahres- und Monatssegmente ergab sich daraus eine Seitenlänge von 32,5 cm. Eine andere Art der Monatssegmente wird durch Projektion nur der Segmente hergestellt, in denen auf der Abbildung oben die Monatsnamen stehen. Die Teile für die Jahreszeiten können auch in einem größeren Format aus Stoff oder Filz so hergestellt werden, dass sie später zur großen Jahreskette passen.

Papp- oder Stoffkreisviertel
Wenn bei der Einführung im 1. oder 2. Schuljahr die vier kleinen Pappkreisviertel (oder die großen Stoffkreisviertel) in den Farben Grün, Gelb, Rot und Blau vor den Kindern ungeordnet ausgelegt werden, erörtern sie unter anderem, welche Jahreszeiten zu den vier Farben passen und in welcher Reihenfolge die Viertel zu einem Jahreskreis zusammengeschoben werden müssen. Aus den Körbchen, in denen die kleinen Gegenstände ungeordnet liegen (s. die Anregungen S. 48), werden von den Kindern zunächst diejenigen zum Frühling herausgesucht und auf das

Vierteljahreskreis aus Tonpapier mit Gegenständen und Monatsnamen (= kleiner Jahreskreis mit kleiner Jahreskette)

grüne Jahreszeitenviertel gelegt. Dabei erzählen sie aus ihrem Erleben mit diesen Gegenständen. In ähnlicher Weise wird mit den anderen Jahreszeiten verfahren. Zuletzt werden die Begriffe Frühling, Sommer, Herbst und Winter zugeordnet und die kleine Pappsonne in die Mitte gelegt. An die Stelle der Gegenstände können auch Bilder von Bäumen in den vier Jahreszeiten, z.B. von Geo, treten. Auch entsprechende Kalender lassen sich auswerten.

Der kleine Jahreskreis der Monate

Zwölf farbige Pappsegmente der Monate aus Tonkarton sollen von den Kindern zu einem Jahreskreis zusammengelegt werden. Dabei soll ihr Farbempfinden zunächst maßgebend sein und ihre ausgelegte Reihenfolge diskutiert werden. Auf der Rückseite der Segmente sind die Zahlen 1 bis 12 zu finden. Die in den Körbchen liegenden kleinen Gegenstände aus der „Ideensammlung" sollen nun den zwölf Monaten zugeordnet werden. Dabei begründen die Kinder ihre Auswahl. Zuletzt werden Kärtchen mit den zwölf Monatsnamen zugeordnet und die Sonne in die Mitte gelegt.

Wenn die Kinder die Aufgabe bekommen, die Pappsegmente der Jahreszeiten auf die entsprechenden Monate zu legen, dann berücksichtigen sie meist noch nicht den astronomisch begründeten kalendarischen Anfang der Jahreszeiten. Winter ist für sie Dezember, Januar, Februar und Frühling März, April, Mai usw. Dies sollte auch bei diesen einführenden Strukturierungen des Jahreskreises nicht korrigiert werden.

Der große Jahreskreis der Monate und Geburtstage

Der große Jahreskreis der Monate mit Tonkartonsegmenten sollte den gleichen Durchmesser haben wie die große Jahreskette, damit beide später kombiniert werden können. Zunächst hat der große Jahreskreis der Monate seine eigene Bedeutung. Wegen seiner Größe liegt der Jahreskreis auf dem Fußboden. Die Grundblätter können alle im gleichen hellen Farbton gehalten sein, da es hier auf die Ausschmückung der Monate ankommt. Dazu sind vor allem Kalenderblätter mit gleichen Bildmotiven geeignet, zu denen Material von einigen Kalendern gesammelt werden sollte. Die Materialien werden nicht festgeklebt, damit die Grundblätter immer wieder neu variiert werden können.

Sehr brauchbar sind auch Fotos vom selben Baum im Wechsel der Jahreszeiten, die die Kinder selbst auf dem Monatsgang zu ihrem Patenbaum machen können. Für ältere Kinder (4. Schuljahr) sind die zwölf „Monatsblätter des Herzogs von Berry" aus dem Stundenbuch „Les Très Riches Heures" von 1410 besonders interessant. Die zwölf Kalenderblätter zeigen jahreszeitlich bedingte Szenen aus dem ländlichen und höfischen Leben der Menschen. Es gibt sie in kostbaren Faksimile-Ausgaben, aber auch in preiswerten Originalgrößen im Format 29,3 x 20,4 cm (z.B. als Sonderausgabe im Prestel-Verlag, München 1989) oder als Block im Postkartenformat.

Nach einem von MARIA MONTESSORI überlieferten Geburtstagsritual hat der Jahreskreis folgende Bedeutung (vgl. KAUL 2000, S. 52/53). An seinem Geburtstag werden die zwölf Kreissegmente mit den Namen der Monate für das Kind oder von dem Kind selbst ausgelegt und mit dem ausgewählten Material gestaltet. In der Mitte des Jahreskreises liegt die Sonne. Als Symbol dafür, dass das Kind das Licht der Welt erblickt hat, kann zur Sonne eine große Kerze als Lebenslicht gestellt werden. Vor das Segment des Monats, in dem das Kind geboren wurde, wird ein kleiner (Montessori-) Globus gestellt. Auf dem Monatssegment zeigt eine Anzahl Kerzen, wie alt das Kind wird. In die Mitte des Kreises kommen die mitgebrachten Geschenke und ein Kuchen für den gemeinsamen Geburtstagsschmaus der Klasse.

Nach dieser Vorbereitung zündet das Geburtstagskind sein Lebenslicht an. Dann nimmt es die Erde (d.h. den Globus), auf der es seit seiner Geburt lebt und mit der es schon einige Male um die Sonne gekreist ist, in beide Hände und geht langsam um den Jahreskreis herum. Dabei kann es über wichtige Ereignisse aus seinem ersten Lebensjahr erzählen oder erzählt bekommen, wenn es dies möchte. Wenn das Kind an seinem Geburtsmonat wieder angekommen ist, stellt es den Globus auf den Fußboden, zündet die erste Kerze an und sagt: „Ich bin jetzt ein Jahr alt." Auf die gleiche Weise folgen die nächsten Jahre. Es macht den meisten Kindern Spaß, und es ist ihnen wichtig, in ihren Erinnerungen zu stöbern und von ihren Zukunftsfantasien zu erzählen. Kinder haben es auch gern, wenn ihre Lehrerin ihnen etwas über sie erzählt, über ihre Ängste und inneren Kämpfe, aber auch über Erfolge und Hoffnungen. Kinder, die dieses Geburtstagsritual schon einmal erfahren haben, freuen sich meist auf den nächsten Geburtstag. Anschließend gratulieren alle dem Geburtstagskind, singen ein Lied, sagen Gedichte auf und essen den Kuchen.

Solche Geburtstagsrituale sind nicht eine zeitraubende Pflichtübung, sondern sie sind die Zeit wert. Das Kind soll an seinem Ehrentag nicht „Geburtstagskönig" spielen können, der sich unter einem Berg von Geschenken und anerkennenden Worten aufbläst und am nächsten grauen Alltag in sich zusammenfällt. Vielmehr geht es darum, das Aufwachsen in der Zeit, gleichsam das Anlegen von Jahresringen wie beim Baum, im Erinnern und Vorausschauen zur eigenen bewussten Lebenszeit zu machen. Indem die Kinder im Verlauf der Jahre aus dem immer genaueren Wissen über sich selbst den Zuwachs an eigenen Fähigkeiten innerhalb eines Jahres erfahren, wird ihnen bewusst, dass sie überhaupt ein eigenes Leben haben. Die reflektierenden Gänge um den Jahreskreis ermöglichen in der rückschauenden Erinnerung eine Begegnung mit sich selbst, in der Kinder erfahren, dass sich zwar einerseits das Aufwachsen in der objektiv linear ablaufenden Zeit der Lebensjahre vollzieht, andererseits aber die kreisförmige Bewegungsrichtung immer wieder zu sich selbst zurückführt und so bewusst wird: Das bin ICH. Diese Thematik wird in „Meine eigene Lebensgeschichte" unter dem Aspekt der linearen Zeit wieder aufgegriffen (s. S. 61).

Die große Jahreskette
In der Literatur können wiederholt Anregungen zum „Jahreskreis" in Form von Holzperlenketten gefunden werden (vgl. KÜCHLER 1992, SCHAUB 1992/1996, GRUBER/SIEBLER 1997, VOIGT/WALDMANN 1998, WÖBCKE-HELMLE/HELMLE 1998, S. SCHAUB 1998, FLECK 1999). Die Idee, zyklische Zeitabläufe während eines Jahres in der Natur, Kultur und Biographie mit Hilfe einer großen Holzperlenkette erfahrbar und verstehbar zu machen, geht meines Wissens auf die Montessoripädagogen PETRA WÖBCKE-HELMLE und THOMAS HELMLE zurück. Die „Jahreskette" ist ein flexibel einsetzbares didaktisches Material, das im Laufe des Jahres und in allen Klassenstufen wiederholt verwendet und ergänzt werden kann. Sie dient auch zur Darstellung linearer Zeitabläufe.

Die *kleine Jahreskette* mit einem Durchmesser von 65 cm ist gewissermaßen eine Mini-Ausgabe, die auf zwei Schultische passt und die die Kinder lieben.

Baumkalender und Kastanie im Jahresablauf

Die *große Version der Jahreskette* hat einen Durchmesser von ca. 2 m und kann auf dem Fußboden ausgebreitet werden. Sie hat den Vorteil, dass der Jahreskreis im Stuhlkreis gut sichtbar ist und bei bestimmten Aufgaben umschritten werden kann.

Zuerst werden die vier (aneinander genähten) Jahreszeitentücher im Uhrzeigersinn ausgelegt und darum herum die Jahreskette ausgebreitet. (Wenn die Kinder im 1./2. Schuljahr dabei sind, das Ablesen der Uhrzeit zu erlernen, sollte die Kette noch nicht astronomisch richtig im Gegenuhrzeigersinn gelegt werden.) Die Anpassung der Jahreskette an die astronomisch begründeten Anfänge der Jahreszeiten wird erleichtert, wenn die vier Jahreszeiten-Perlen durch ein farbiges Bändchen markiert werden, das den Farben des Jahreszeitentuches entspricht. Anschließend wird die Sonne in die Mitte gelegt und der kleine Globus außerhalb des Jahreskreises gestellt. Die Kinder fangen erfahrungsgemäß an zu erörtern, welche Jahreszeiten zu den vier Farben des Tuches und welche Monate zu den zwölf Farben der Perlengruppen gehören, warum die Sonne in der Mitte liegt und der kleine Globus außerhalb des Kreises steht. Dann werden die vier Jahreszeiten-Bäume, die Namenskärtchen der Jahreszeiten und die der Monate zugeordnet. Anschließend können die Heute-Perle und Gestern-, Vorgestern-, Morgen- und Übermorgen-Perlen mit Pfeilen markiert werden. Wenn die Kinder erkannt haben, dass eine Perle einem Tag im Jahr auf der Erde entspricht, versuchen manche, ihre Geburtstagsperle zu finden. Deshalb ist es günstig, Pfeilkarten mit den Geburtstagen vorzubereiten oder von den Kindern beschriften zu lassen. Porträtfotos von den Kindern am Jahreskreis sind eine schöne Ergänzung. Wir können jetzt den kleinen Globus in die Hand nehmen und mit ihm langsam um den Kreis gehen und erzählen, dass sich die Erde einmal im Jahr um die Sonne bewegt und dazu ungefähr 365 (Schaltjahr alle vier Jahre 366) Tage braucht, bis das Jahr wieder von vorne anfängt. Manche Kinder erkennen, dass sie seit ihrer Geburt mit der Erde, auf der sie leben, schon sieben- oder achtmal um die Sonne „gekreist" sind. Sie können den Globus nun in die Hand nehmen, sieben- oder achtmal um den Jahreskreis gehen und dabei aus ihrem bisherigen Leben erzählen oder erzählt bekommen, wenn sie es wollen. Die Kinder können auch kleine Gegenstände aus den Körbchen (s. Ideensammlung S. 48) oder Bildkarten mit Tätigkeiten im Jahresablauf (Kopiervorlagen s. SYBILLE SCHAUB 1998, S. 10), die sie vielleicht selbst gemalt haben, an oder auf den Jahreskreis legen und dazu Erlebnisse erzählen. Nicht jedes Material muss schon fertig vorliegen. *Pfeilkarten mit Daten zu den unterschiedlichen Längen der Monate, zu den Jahresfesten, Jahreszeiten und Schulferien* können die Kinder mit Hilfe von Kalendern selbst herstellen und dann anlegen. Da-

bei ist auch an muslimische Kinder und den Islamischen Kalender
(s. S. 33-35) zu denken.

Aufgaben zum Gregorianischen Kalender

1) Monate

Nimm einen *Jahresübersichtskalender*. Stelle fest, wie viele Tage die einzelnen Monate haben. Schreibe die Anzahl der Tage wie beim Januar hinter die Monate.

1. Monat:	Januar	31 Tage
2. Monat:	Februar	(28 Tage)
3. Monat:	März	(31 Tage)
4. Monat:	April	(30 Tage)
5. Monat:	Mai	(31 Tage)
6. Monat:	Juni	(30 Tage)
7. Monat:	Juli	(31 Tage)
8. Monat:	August	(31 Tage)
9. Monat:	September	(30 Tage)
10. Monat:	Oktober	(31 Tage)
11. Monat:	November	(30 Tage)
12. Monat:	Dezember	(30 Tage)

Warum sind die Monate unterschiedlich lang? Warum hat auch der August
31 Tage? Frage Erwachsene danach.

2) Jahreszeiten

Schreibe auf, an welchem Tag in diesem Jahr die Jahreszeiten beginnen.
Schreibe dahinter, welche Monate zu den einzelnen Jahreszeiten gehören.

Frühling: _____

Sommer: _____

Herbst: _____

Winter: _____

3) Feiertage, Festtage und Gedenktage

Nimm einen *Jahresübersichtskalender*. Stelle das Datum der Feiertage,
Festtage oder Gedenktage fest und schreibe es auf die Linien. Die gesetz-
lichen Feiertage sind „fett" gedruckt.

Neujahr	Montag, 1. Januar	**Mariä Himmelfahrt**
Heilige Drei Könige		**Tag der Deutschen**
Rosenmontag		**Einheit**
Fastnacht		Erntedankfest
Aschermittwoch		**Reformationstag**
Karfreitag		**Allerheiligen**
Ostersonntag		Volkstrauertag
Ostermontag		**Buß- und Bettag**
Maifeiertag, Tag der Arbeit		Totensonntag
Muttertag		1. Advent
Himmelfahrt		Nikolaus
Pfingstsonntag		Heiliger Abend
Pfingstmontag		**1. Weihnachtstag**
Fronleichnam		**2. Weihnachtstag**
		Silvester

Erläuterungen zu den Festen, Feiertagen und Gedenktagen

1) Bei den **festliegenden Feiertagen** ist das Datum in jedem Jahr gleich. Zu den festliegenden Feiertagen gehören:

Neujahr:	1. Januar
Heilige Drei Könige:	6. Januar
Maifeiertag, Tag der Arbeit:	1. Mai
Tag der Deutschen Einheit:	3. Okt.
Reformationstag:	31. Oktober
Allerheiligen:	1. November
Allerseelen:	2. November
Martinstag:	11. November
Heiligabend:	24. Dezember
Weihnachten:	25./26. Dezember
Silvester:	31. Dezember
Muttertag:	2. Sonntag im Mai
Erntedankfest:	1. Sonntag im Oktober

2) Bei den **beweglichen Feiertagen** ändert sich das Datum in jedem Jahr. Wie das Datum errechnet wird, kannst du hier sehen. Überprüfe an deinem Kalender, ob die Rechnung stimmt.

Ostern: Sonntag nach dem ersten Vollmond, der auf den Frühlingsanfang (20. oder 21. März) folgt.

Karfreitag: Ostersonntag minus 2 Tage, Freitag vor Ostersonntag.
Christi Himmelfahrt: Ostersonntag plus 39 Tage.
Pfingstsonntag: Ostersonntag plus 49 Tage.
Fronleichnam: 10. Tag nach Pfingstmontag.
Erster Adventssonntag: am ersten Sonntag nach dem 26. November.
Buß- und Bettag: 10 Tage vor dem 1. Advent.
Totensonntag: am Sonntag vor dem 1. Advent.

Im nächsten Jahr hängt also das Datum von Ostersonntag von dem ersten Vollmond nach dem Frühlingsanfang ab.
Im 3./4. Schuljahr kann auch die Entstehung des Gregorianischen und ggf. des Islamischen Kalenders thematisiert werden.

Entstehung der Jahreszeiten

Im 3. oder 4. Schuljahr kann die große Jahreskette auch dazu dienen, die Entstehung der Jahreszeiten modellartig zu zeigen. Dazu ist es jetzt notwendig, die Jahreszeitentücher und die Jahreskette im Gegenuhrzeigersinn zu legen. Mit Hilfe einer kugelförmigen Lampe als leuchtende Sonne in der Mitte des großen Jahreskreises und eines Globus außerhalb der Jahreskette kann im verdunkelten Raum durch langsames Umfahren des Jahreskrei-

Ausschnitt aus der Jahreszeitdarstellung

ses im Gegenuhrzeigersinn die Entstehung der Jahreszeiten gezeigt werden. Dabei ist zu beachten, dass die schräg stehende Achse des Globus im Winter von der Sonne wegzeigt und die Polregion kaum Licht erhält. Die Stellung der Achse muss beim Umfahren der Jahreskette so bleiben und darf nicht verdreht werden. Im Sommer zeigt die Achse dann zur Sonne hin, so dass am Nordpol die Sonne nicht untergeht.

Materialien zur Jahreskette

1) Grundmaterial zur kleinen Jahreskette

- 4 Kreisviertel (Tonpapier oder Tuch/Filz, Seitenlänge 32,5 cm) zu den 4 Jahreszeiten (grün, gelb, rot, blau)
- 12 farbige Segmente (Tonpapier) zu den 12 Monaten (Seitenlänge 32,5 cm)
- Jahreskette mit 366 Holzperlen (6 mm Durchmesser) in zwei Farben (natur, rot) für 12 Monate; Perlenkreis: 65 cm Durchmesser
- Kleine Sonne (gelbes Tonpapier)
- Kleine Gegenstände zu den Jahreszeiten (siehe Ideensammlung)
- Jahresübersichtskalender (DIN-A4) und/oder leporelloartiger Terminkalender
- Text-, Bild- und Pfeilkarten (vgl. große Version)

2) Grundmaterial zur großen Jahreskette

- Kette: 366 Holzperlen (15 mm Durchmesser) in zwölf verschiedenen Farben, auf einer Schnur aufgezogen für einen Jahreskreis (etwa 2 m Durchmesser). Die eine Schaltjahresperle wird bis zur Mitte aufgesägt, damit der 29. Februar herausgenommen werden kann.
  Jeder Monat hat eine andere Farbe: Januar (dunkelblau), Februar (hellblau), Frühling (Grüntöne): März (grün), April (hellgrün), Mai (dunkelgrün), Sommer (Gelbtöne): Juni (zitronen-hellgelb), Juli (dunkelgelb), August (Orange), Herbst (Rottöne): September (rot), Oktober (weinrot), November (rotviolett), Winter (Blautöne): Dezember (violett).
  Bezugsquelle für fertige Perlen in diesen Farben: Raben-Laden/Ingelore Rabe, Rote Straße 8, 37073 Göttingen, Tel.: 0551/45574; Preis: ca. 0,18 € je Perle = ca. 67,- € je Kette.
- Vier Tücher (Stoff oder Filz) in der Form eines Viertelkreises, die die vier Jahreszeiten repräsentieren. Farben: Frühling: grünlich; Sommer: gelb-orange; Herbst: rötlich; Winter: bläulich. Der Kreisdurchmesser der zusammengelegten oder aneinander genähten Tücher beträgt etwa 2 m, der Viertelkreis also 1 m.
- Eine gelbe Sonne mit Strahlen (etwa 30 cm im Durchmesser) aus Tonpapier, Filz oder Sperrholz.
- Vier Bilder von Bäumen in den vier Jahreszeiten (eigene Fotos, Bilder aus Büchern oder die Buche der Zeitschrift „Geo") auf Tonkarton in den Farben der Jahreszeitentücher.
- Nach Möglichkeit einen kleinen Globus, am besten einen kleinen Montessori-Globus. Bezugsquellen: 1. Nienhuis Montessori, Industriepark 14, NL 70021 BL Zelhem, Niederlande; Tel.: 00-31-314-627127; Fax: 00-31-314-627128.
  2. Riedel, Carl-Zeiss-Str. 35, D-72770 Reutlingen; Tel.: 07121-51535-0, Fax: 07121-370143; Preis: ca. 45,- € mit MwSt.
- Karten aus Tonpapier in den Farben der Tücher und Perlen mit den aufgeklebten Namen und Daten der Jahreszeiten und den Namen der Monate.
- Jahresübersichtskalender (DIN-A4) und/oder leporelloartiger Terminkalender.

Erweiterungsmaterial
- Jahreszeitlich bedingtes kleines Spielzeug (z.B. aus der Puppenstube, Püppchenfamilie), kleine Gegenstände aus der Lebenswelt des Kindes, Kleidungsstücke von Puppen u.a.
- Die Jahreszeiten in der Natur: z.b. Fotos von Pflanzen und Tieren; Blätter und Früchte von Bäumen; Gegenstände aus Dekorationsgeschäften u.a.
- Das Jahr des Baumes: 12 Karten, hergestellt z.b. aus Monatskalendern
- Das Jahr des Kastanienzweiges: 12 Karten mit Farb- oder ausgemalten Schwarz-weiß-Kopien aus Büchern (vgl. Lucht 2001)
- Ausgemalte Bildkarten mit typischen Tätigkeiten der Kinder in den 12 Monaten
- Das Kalenderjahr: 12 Pfeilkarten mit dem Datum des letzten Tages im jeweiligen Monat, sodass die unterschiedliche Länge der Monate bewusst wird
  4 Pfeilkarten mit dem Datum des Beginns der Jahreszeiten
  Karten mit den Namen und dem Datum der Schulferien
- Das Jahr der Geburtstage: Fotos aller Kinder mit Namenskarten und Pfeilen mit dem Geburtstagsdatum
- Das Jahr der Feste: Fotos und Gegenstände der wiederkehrenden Feste im Jahreslauf
- Lampenfassung (auf ein rundes Brett geschraubt) mit großer Kugelbirne als „Sonne" und Steckerschnur zum Nachweis der Jahreszeiten mit Hilfe des Globus
- Gedichte, Geschichten, Bilderbücher und weiteres Bildmaterial zum Jahreskreis

Ideensammlung für kleine Gegenstände (Jahreszeiten und Monate)
- **Frühling:** Nest mit Eiern und Vogel, Küken, Ostereier, Osterhase, Zwiebel von Frühblühern, Schneeglöckchen, Holzkreuz u.a.
- **Sommer:** Koffer, Reisebus, Püppchenfamilie, Schwimmzeug, Muscheln, Ähren, Erbsen, Bohnen u.a.
- **Herbst:** Schultüte, Ranzen, Weintraube, Apfel, Kastanie, Eichel, Buchecker, Nüsse, Windvogel, Martinslaterne, Nikolaus u.a.
- **Winter:** Strohstern, Krippe, Adventskranz, Weihnachtsbaum, Schlitten, Winterzeug, Schneemann, Vogelhäuschen, Karnevalsmaske u.a.

Das Jahr der Pflanzen in der Natur

Gewächshäuser, Dauerlichtkulturen und Transporte von Lebensmitteln aus anderen *Zeitzonen der Erde* machen den Einkauf von Obst, Gemüse, Lebensmitteln und Blumen rund um das Jahr möglich. Kinder, die in einer solchen Lebenswelt aufwachsen, müssen den Eindruck bekommen, als ob der Mensch jederzeit über alle Naturprodukte verfügen und sich unabhängig von den *Zeitstrukturen des natürlichen Lebens* machen könnte. Umso wichtiger wird es, die *Zeitrhythmen der Natur* im konkreten Umgang zu erfahren und sich bewusst zu machen.

Naturgegebene Zeitmaße und Rhythmen der Pflanzen: Im Gegensatz zum Menschen sind die Lebensvorgänge von Pflanzen vollständig von äußeren kosmischen und geographischen Bedingungen abhängig. Unabhängig von den Boden- und Klimaverhältnissen der geographischen Lage einer Landschaft sind es vor allem die *naturgegebenen Zeitmaße und Rhythmen*, die das Leben der Pflanzen bestimmen. Die entscheidenden Voraussetzungen für das Wachstum sind die *kosmischen Licht- und Wärmestrahlungen der Sonne*, deren Rhythmus bei uns auf der Nordhalbkugel der Erde durch die *Jahreszeiten* und den *Tag-Nacht-Rhythmus* bestimmt wird.

Mit ihren Blättern stellen die Pflanzen ihre Nahrung her. Dazu brauchen sie Wasser und Sonnenlicht. Über die Wurzeln wird das Wasser mit seinen Nährstoffen aus dem Boden zum Blatt transportiert. Mit dem Sonnenlicht nehmen die Blätter aus der Luft Kohlendioxid auf. Durch die Energie des Sonnenlichts stellt die Pflanze mit ihren Blättern aus Kohlendioxid und Wasser die Stoffe her, die sie zum Leben und Wachsen braucht. Das Zusammenfügen von Wasser und Kohlendioxid heißt Fotosynthese (Foto = Licht, Synthese = Zusammenfügen). *Die Fotosynthese ist die Grundlage allen Lebens auf der Erde.* Denn bei der Fotosynthese geben die Blätter an die Luft Sauerstoff ab. Alle Lebewesen brauchen Sauerstoff zum Atmen.

Das Jahr der Kastanie im Licht der Sonne

Die Komplexität der Gesamtthematik des Pflanzenwachstums im Jahresablauf wird im Folgenden reduziert auf die Parallelität von Licht der Sonne und Wachstum der Pflanzen im Jahreslauf am Beispiel der Kastanie. Die Erarbeitung knüpft an die Themenaspekte „Der Jahreszeitenkreis", „Der Jahreskreis der Monate" und „Wie Tag und Nacht entstehen" an, erweitert und vertieft sie, ohne sie unbedingt vorauszusetzen. Die Erarbeitung erfolgt in drei Schritten:

1) Zuerst wird mit Hilfe des kleinen *Jahreskreises* (s. S. 47) und eines *Erzähltextes* (s. S. 51f.) in die kalendarischen *vier Jahreszeiten* eingeführt, in die *Aussagen über Licht und Wärme der Sonne*, die *Länge von Tag und Nacht* sowie *Auswirkungen auf die Pflanzenwelt* integriert sind.

2) Dem Jahreskreis werden (parallel zum Erzähltext oder in einem zweiten Schritt) *Karten mit Abbildungen der Tag- und Nachtstunden* in den zwölf Monaten zugeordnet, die den zyklischen Zusammenhang von Licht und Dunkelheit bildhaft zum Ausdruck bringen. Eine Anleitung zur Herstellung der *Monatskarten der Tag- und Nachtstunden* bietet das Schülermaterial (S. 52 f.).

3) In einem weiteren Schritt werden zwölf Bildkarten vom *Jahreszyklus der Kastanie* mit den zwölf Karten der Tag- und Nachtstunden im Jahreslauf verbunden. Dies kann in zyklischer und/oder linearer Darstellung er-

folgen. Eine Anleitung zur Herstellung der *Monats-Karten des Kastanien-zweiges* bietet das Schülermaterial 2 (S. 53-55).

Jahreskreis der Kastanie und der Tages- und Nachtzeiten

Die lineare Aneinanderreihung der Monatskarten zum Jahreslauf der Kastanie und der Tag- und Nachtstunden macht beim Vergleich den Zusammenhang von Licht und Wärme der Sonne einerseits und der Wachstumsperiode der Kastanie von der Blattentfaltung über das Blühen, Fruchten bis zum Abwerfen der bunten Blätter andererseits anschaulich und bewusst.

Die Fotos auf den Kastanienkarten sind das Ergebnis der Monatsgänge mit den Schülerinnen und Schülern zu einem Kastanienbaum. Sehr schön sind auch die Abbildungen von Kastanien in dem Buch „Die Baum-Uhr" von IRMGARD LUCHT (2001).

Der materialgeleitete Lernprozess soll beim Auslegen des Jahreskreises nicht nur die zyklischen Zeitrhythmen in der Natur als Ganzes bewusst machen, sondern darüber hinaus auch anregen, die Entwicklungen der Tag- und Nachtstunden und der Kastanie längerfristig monatlich einmal zu beobachten und zu dokumentieren.

Die gewonnenen Erkenntnisse werden beim Thema „Die Jahreszeiten der Pflanzen" erweitert und vertieft.

Lehrermaterial: Die Jahreszeiten in der Natur

Zur Gestaltung des Jahreskreises kann die kleine Jahreskette und das dazugehörende Material herangezogen werden (s. S. 47). Wenn keine Jahreskette zur Verfügung steht, ist der Jahreskreis auch leicht mit Tonpapier zu gestalten.

Zuerst wird zur besseren Orientierung die Jahreskette um den Monatskreis gelegt. Der Monatskreis besteht aus einem runden weißen Tonkarton mit zwölf Segmenten (zur Herstellung s. S. 38 f.). Zum Dezember und Januar wird nach Möglichkeit ein kleiner Globus so gestellt, dass die Neigung der Erdachse im Norden von der Sonne wegzeigt. Während des Erzählens können Sie die Tag- und Nachtkarten an den Jahreskreis anlegen. Eine andere Möglichkeit besteht darin, zuerst den Jahreszeitenkreis auszulegen und anschließend die Tag- und Nachtkarten zusammen mit den Kindern herzustellen und anzulegen.

Erzähltext

Im **Winter** ist die Nordhalbkugel der Erde, auf der wir leben, durch die Neigung der Drehachse von der Sonne abgewandt. Die Sonne geht später auf und früher wieder unter als im Sommer. Durch die kurzen Tage scheint nicht so viel Sonne wie im Sommer und die Erdoberfläche kann sich nicht so erwärmen. Der Winter ist oft so kalt, dass wir lieber im Haus bleiben. Je nach Höhenlage unseres Wohnortes bringt der Winter unterschiedlich viel Schnee mit sich. Am 21. Dezember ist der kürzeste Tag und die längste Nacht des Jahres. Es ist der Tag der Wintersonnenwende. Nach dem Kalender ist dann **Winteranfang**. (An die Perle des 21.12. wird der Pfeil „Winteranfang" gelegt und mit einem Viertel aus blauem Tonpapier wird die Jahreszeit des Winters vom 21.12. bis 20.03. des nächsten Jahres markiert.) Um das Verhältnis von Tag (hell) und Nacht (dunkel) zu verdeutlichen, werden entsprechende Bildkarten an den jeweiligen Monat gelegt.)

Nach der Wintersonnenwende werden die Tage wieder länger und die Nächte wieder kürzer. (Der kleine Globus wird beim Erzählen langsam bis zum Frühjahr um den Kreis geschoben, wobei die Stellung der Erdachse nicht verdreht werden darf.) Die Temperaturen nehmen wieder zu und der Schnee fängt dann an zu schmelzen. Sobald der Frühling naht, zeigt das Aufbrechen der Knospen an Frühblühern, Sträuchern und Bäumen das Erwachen der Natur. Am 21. März sind Tag und Nacht gleich lang. Der Tag der Tagundnachtgleiche ist nach dem Kalender der **Frühlingsanfang**. (An die Perle des 21.03. wird der Pfeil „Frühlingsanfang" gelegt und mit einem Viertel aus grünem Tonpapier wird die Jahreszeit des Frühlings zwischen 21.03. und 20.06. markiert. Um das Verhältnis von Tag (hell) und Nacht (dunkel) weiter zu verdeutlichen, werden entsprechende Bildkarten an den jeweiligen Monat gelegt.

Mit der weiteren Zunahme der Tageslänge erhöhen sich auch die Temperaturen. Es wird manchmal unerträglich heiß und bei einigen Früchten beginnt die Reifezeit. (Der kleine Globus wird beim Erzählen langsam bis zum Sommer um den Kreis geschoben ohne Verdrehung der Erdachse.) Die Nordhalbkugel der Erde ist im Sommer der Sonne zugewandt. Am 21. Juni hat die Sonne ihren höchsten Stand erreicht. Es ist der längste Tag des Jahres und Sommersonnenwende. Vom 21. Juni an werden die Tage wieder kürzer und die Nächte wieder länger. An die Perle des 21.06. wird der Pfeil **Sommeranfang** gelegt und mit einem Viertel aus gelbem Tonpapier wird die Jahreszeit des Sommers markiert. Um das Verhältnis von Tag (hell) und Nacht (dunkel) weiter zu verdeutlichen, werden entsprechende Bildkarten an den jeweiligen Monat gelegt.

Wenn die Länge des Tageslichts der Sonne allmählich wieder abnimmt und die Nächte wieder länger werden, gehen auch die Temperaturen zurück und es wird kühler. Die Erntezeit für viele Früchte ist in vollem Gange und danach beginnt allmählich die Verfärbung der Blätter. Es wird Herbst. (Der kleine Globus wird beim Erzählen langsam bis zum Herbst um den Kreis geschoben ohne Verdrehung der Erdachse.) Nach dem Kalender ist am 23. September **Herbstanfang**. Am 23.09. sind Tag und Nacht wieder gleich lang, es ist Tagundnachtgleiche. An die Perle des 23.09. wird der Pfeil „Herbstanfang" gelegt und mit einem Viertel aus rotem Tonpapier wird die Jahreszeit des Herbstes bis zum 20.12. markiert. Um das Verhältnis von Tag (hell) und Nacht (dunkel) zu verdeutlichen, werden entsprechende Bildkarten an den jeweiligen Monat gelegt.

Mit dem Nahen des Winters schließt sich der Jahreskreis. Es ist wieder ein Jahr vergangen.

Nach der Darbietung durch die Lehrerin haben die Kinder in der Freien Arbeit oder beim Lernen an Stationen Gelegenheit, sich den Jahreskreis individuell oder in kleinen Gruppen aufzubauen.

Schülermaterial zur Herstellung von Monatskarten
Zu jedem der beiden Materialien werden 12 Karten in der Größe von ca. 10 cm Breite und 12 cm Höhe hergestellt.
1. Tag- und Nachtstunden in den 12 Monaten
Schreibe das Datum (Tag, Monat) auf die Linie. Zeichne die Grenze zwischen Tag und Nacht mit dem Lineal zwischen dem Mittelpunkt und der Uhrzeit und male die Nacht schwarz aus.

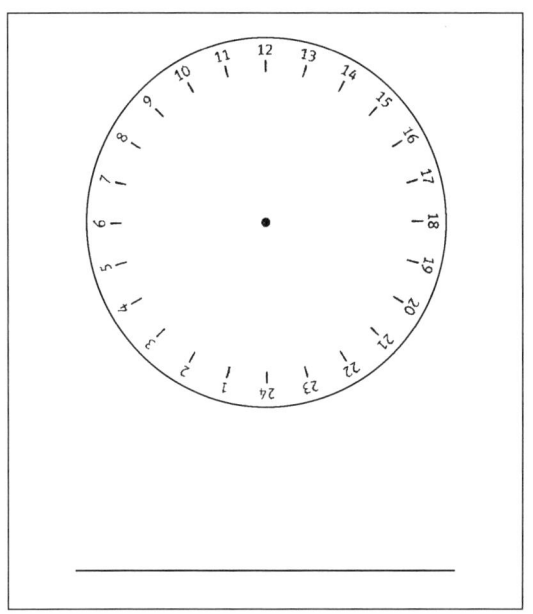

Tag, Monat	Sonnenaufgang	Sonnenuntergang
15. Januar	8.13 Uhr	16.47 Uhr
15. Februar	7.31 Uhr	17.38 Uhr
15. März	6.34 Uhr	18.25 Uhr
15. April	5.27 Uhr	19.14 Uhr
15. Mai	4.34 Uhr	19.59 Uhr
15. Juni	4.10 Uhr	20.31 Uhr
15. Juli	4.27 Uhr	20.24 Uhr
15. August	5.09 Uhr	19.38 Uhr
15. September	5.56 Uhr	18.34 Uhr
15. Oktober	6.42 Uhr	17.29 Uhr
15. November	7.33 Uhr	16.36 Uhr
15. Dezember	8.12 Uhr	16.18 Uhr

Achtung: Zwischen dem letzten Sonntag des Monats März und dem letzten Sonntag des Monats Oktober gilt die Sommerzeit. Deshalb muss in diesen Monaten zu den Zeitangaben in der Tabelle 1 Stunde hinzugerechnet werden.

Du kannst die Zeiten für Sonnenaufgang und Sonnenuntergang auch aus der Tageszeitung entnehmen.

2. Der Kastanienzweig in den zwölf Monaten des Jahres

Die Bilder können vergrößert und dann farbig angemalt werden.
Die angemalten Bilder werden auf farbigem Tonkarton aufgeklebt. Darunter bleibt Platz, um die Tonkartonstreifen mit den Monatsnamen den Bildern zuordnen und auf die Karte legen zu können.

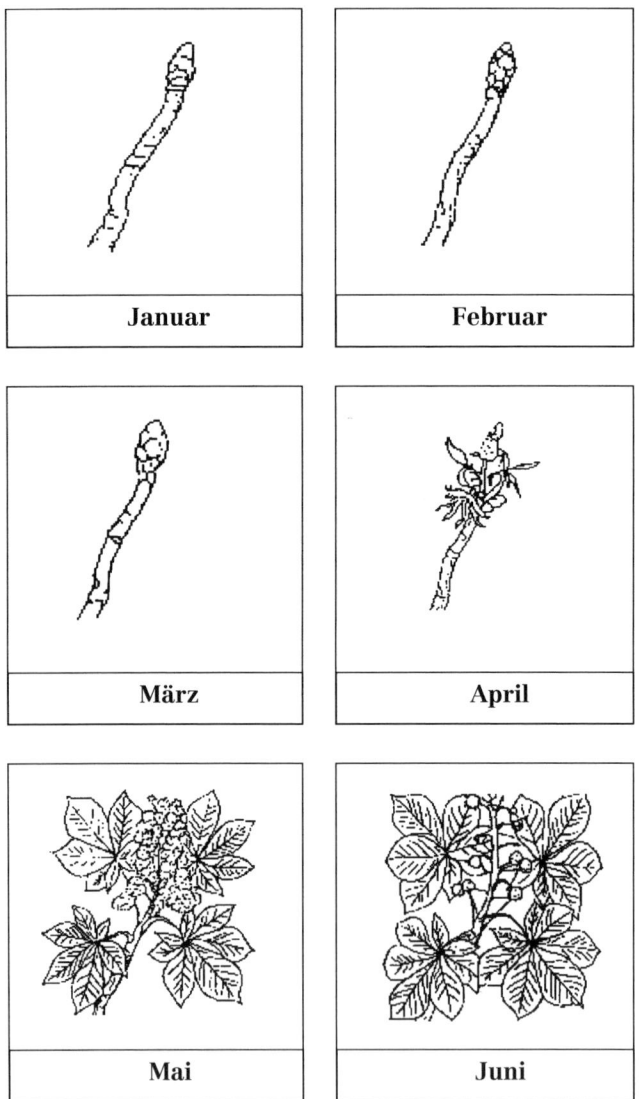

Januar	Februar
März	April
Mai	Juni

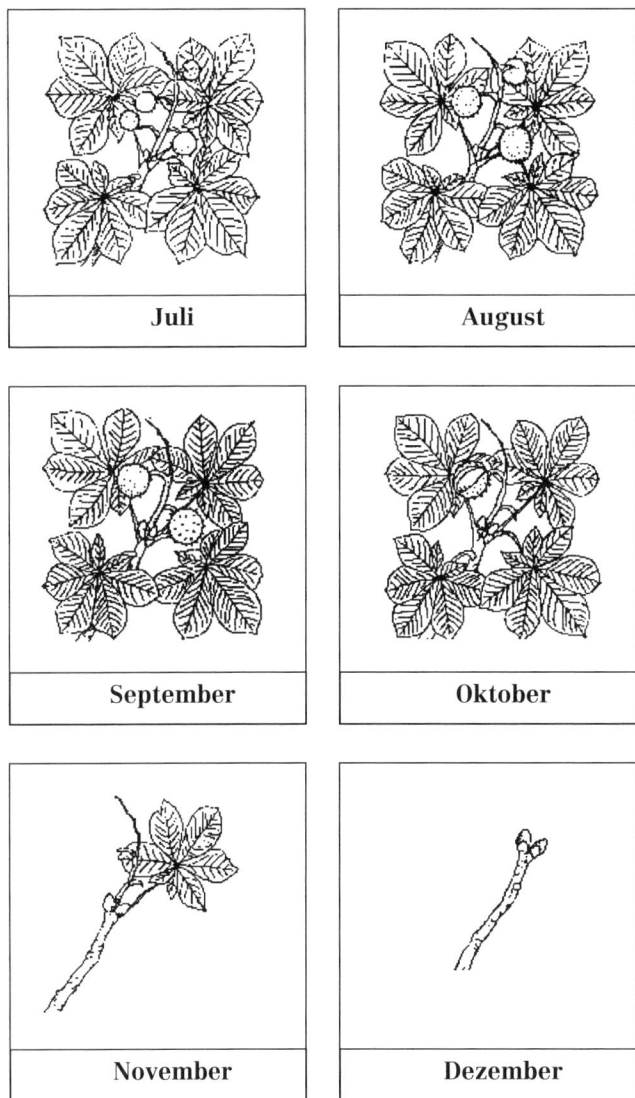

Die fertigen Karten können zu einem **Jahreskreis** und zu einer **Jahresleiste** gelegt werden.

Ordne den **Monatskarten des Kastanienzweiges** die **Monatskarten der Tag- und Nachtstunden** zu. Was kannst du an dem Vergleich der Monatskarten erkennen?

Die natürlichen Eigenzeiten und Jahreszeiten der Pflanzen

In der Natur der Pflanzenwelt sind neben dem *allgemeinen Jahresrhythmus* und dem *Tagesrhythmus Licht/Dunkelheit* auch die charakteristischen *Eigenzeiten der Pflanzen* zu beachten. Der Frühling einer Pflanze beginnt nicht einfach am 21. März unseres Gregorianischen Kalenders. Beobachtungen von Pflanzen über mehrere Jahre zeigen zum Beispiel, dass im Rheintal zwischen Köln und Düsseldorf in einer Höhe von etwa 50 m über NN um den 12. Februar herum die Hasel blüht, unabhängig davon, ob der Winter bis in den März hinein frostig oder ohne Schnee war. Wie die Haseln verfügen alle biologischen Systeme über *zeitliche Oszillatoren*, über so genannte *innere Uhren*. Diese haben sich während der Evolution in Anpassung an die *Zeitstrukturen der Umwelt* gebildet, zu denen die *Jahreszeiten, Tag- und Nachtlängen, Mondphasen und Gezeiten* gehören. Aufgrund ihrer „inneren, biologischen Uhren" reagieren die Pflanzenarten nach der Winterruhe auf die *jahresrhythmischen Veränderungen von Licht und Wärme* nicht alle gleichzeitig, sondern haben Eigenzeiten entwickelt.

Der *Deutsche Wetterdienst (DWD)* beobachtet seit vielen Jahren die *Erscheinungen der natürlichen Jahreszeiten* an bestimmten Pflanzen und entwickelt aus den Einzelbeobachtungen einen eigenen Kalender. Er spricht vom *phänologischen Kalender*, von der *phänologischen Uhr*, von den *phänologischen Jahreszeiten* oder vom *phänologischen Jahr*. Das Wort *Phänologie* kommt aus dem Griechischen und bedeutet „Lehre von den Erscheinungen des jahreszeitlichen Ablaufs in der Pflanzen- und Tierwelt". Die Phänologie befasst sich mit den im Jahresablauf periodisch wiederkehrenden Wachstums- und Entwicklungserscheinungen der Pflanzen. Dabei werden vor allem die Eintrittszeiten charakteristischer Vegetationsphasen an so genannten *Zeigerpflanzen* beobachtet und dokumentiert. Diese Eintrittszeiten stehen in engem Zusammenhang mit dem Wetter und dem Klima. Insgesamt unterscheidet der DWD *zehn phänologische Jahreszeiten der Pflanzen*. Die jahrelangen Beobachtungen des DWD dienen Forschungseinrichtungen, Behörden, Landwirtschaft und Wirtschaft. Die Beobachtungen richten sich heute auch auf die Erforschung von Klimaänderungen und die Frage, wie die Pflanzen mit ihren in langen Zeiträumen geprägten „inneren Uhren" auf Veränderungen in der Umwelt reagieren.

Die Einteilung der periodisch wiederkehrenden Wachstums- und Entwicklungsphasen der Pflanzen in *zehn natürliche Jahreszeiten* ermöglicht eine differenziertere Beobachtung und Darstellung als die kalendarische Einteilung des Jahres in die vier Jahreszeiten. Am Beispiel der *Eigenzeiten der Zeigerpflanzen*, die jeweils den Beginn einer neuen phänologischen Jahreszeit markieren, kann der Zusammenhang zwischen der *inneren, bio-*

logischen Uhr einer Pflanze und den *äußeren Zeitgebern* Licht und Wärme der Sonne verdeutlicht und bewusst gemacht werden.

Ziel der Unterrichtseinheit ist es, dass die Kinder die Zeigerpflanzen und ihren Standort kennen und ihre Entwicklung dokumentieren: Eintrittsdatum für die folgende phänologische Jahreszeit, Fotos der ganzen Pflanze und der Details, Angaben über Tag- und Nachtlänge, Temperaturen, Niederschläge oder Sonnenschein. Die praktische Durchführung ist eine gute Vorbereitung auf die Beteiligung der Kinder an dem *Projekt Naturdetektive 2001* im Internet (s. Literatur) und seinen Nachfolgeprojekten.

Die phänologischen *Jahreszeiten der Pflanzen* beginnen mit dem Vorfrühling (Hasel, Blüte; Schneeglöckchen, Blüte) im Februar/März und enden mit dem Spätherbst (Kastanie, Blattverfärbung; Winterweizen, Aufgang) im Oktober/November (s. S. 60 und 61). Der Anfang des phänologischen Jahres im Vorfrühling ist als Einstieg am günstigsten, er kann aber auch jederzeit innerhalb der Vegetationsperiode begonnen werden.

1) Überblick über die „natürlichen Jahreszeiten der Pflanzen"
Vor der konkreten Beobachtung an Pflanzen in der Umgebung der Schule oder im Wohnort ist es günstig, den Kindern einen Überblick über den gan-

Jahreskreis, umgeben von Fotos

zen Jahreskreis der phänologischen Jahreszeiten mit Hilfe von *didakti-schem Material* und einem *Erzähltext* zu geben (s. S. 60 f.).

2) Die Zeigerpflanzen in unserem Schulbezirk oder Wohnort
In unserem Unterricht führten die am Jahreskreis ausgelegten Fotos und Farbkopien der Zeigerpflanzen zu spontanen Äußerungen der Kinder, in denen sie aus ihrer Erinnerung Standorte der Pflanzen in ihrer Umgebung nannten. Danach fanden am Nachmittag in kleinen Gruppen Erkundungen im Schulbezirk statt. Dabei wurden die gefundenen Zeigerpflanzen und ihre Standorte genau beschrieben. Eine Gruppe hatte auf dem Ortsplan eine Kartierung der Standorte vorgenommen.

Am nächsten Tag (im Juni) brachten einige Kinder Zweige von Haselnusssträuchern, Kastanienbäumen, Holundersträuchern und Lindenbäumen mit in die Schule. Die vorhandenen Bilder wurden den Pflanzen zugeordnet.Der Entwicklungsstand der Blüten (Holunder, Linde) und der Früchte (Haselnuss, Kastanie) an den mitgebrachten Zweigen gab Anlass, die beabsichtigten Langzeitbeobachtungen zu besprechen und zu planen.

Beobachtungskarte

Name:_____

Name der Pflanze:

_____

Standort der Pflanze:

_____

Tag der Beobachtung:

_____

Jahreszeit der Pflanze:

_____

Sonnenaufgang:_____

Sonnenuntergang:_____

Temperatur:_____

Blüte   Frucht   Blatt

Beobachtung:_____

3) Anleitung zur Langzeitbeobachtung der Zeigerpflanzen im Jahreslauf
Ein *Beobachtungsbogen*, der sich aus den Informationen des Erzähltextes leicht zusammenstellen lässt, gibt einen Überblick und enthält u.a. die *Namen der Zeigerpflanzen* und die *Beobachtungskriterien*. Es empfiehlt sich, mit der Klasse einen *Erkundungsgang* zu den Zeigerpflanzen (z.B. Holunderstrauch, Lindenbaum, Apfelbaum, Kastanienbaum) zu machen, um den aktuellen Stand in der Vegetationsperiode festzustellen. Für die *Beobachtungskarte* (s. S. 58) werden, wenn möglich, Fotos von der ganzen Pflanze und ihren Details (Blüte, Frucht, Blatt) gemacht, um die Beobachtung zu *dokumentieren*. Dann werden die *Beobachtungsaufgaben* festgelegt, um die Eintrittszeit der folgenden natürlichen Jahreszeit festzustellen und nicht zu verpassen.

Material
Kleine Jahreskette (s, S. 47), Jahresmonatskreis (s. S. 38), farbige Segmentkarten, Fotos oder Bilder der Zeigerpflanzen aus Pflanzenbüchern (s. Literaturverzeichnis), Karten mit den Namen der Zeigerpflanzen.
Für die zehn phänologischen Jahreszeiten wird Tonkarton in den Farben Grau für den Winter, drei Grün-Töne für den Frühling, drei Gelb-Orange-Töne für den Sommer und drei Rot-Töne für den Herbst benötigt. Für das Anzeichnen der Rundung der Segmente kann der Jahresmonatskreis als Schablone dienen. Die Breite der Segmente erreicht man durch Anzeichnen nach dem Anlegen an die Holzperlenkette und Abzählen der entsprechenden Anzahl der Perlen. Zum Beispiel: Für den Vorfrühling (siehe unten) wird die Zeit vom 1.3. – 6.4. = 37 Tage angegeben; das entspricht einer Breite von 37 Holzperlen.

Durchführung
Die kleine Jahreskette wird um den Monatskreis herumgelegt. Während die Lehrerin über die natürlichen Jahreszeiten auf der Grundlage der folgenden Übersicht erzählt, werden dazu die entsprechenden farbigen Segmentkarten sowie die Bild- und Textkarten der Zeigerpflanzen angelegt. In der Regel wird mit dem Vorfrühling begonnen.

In der folgenden Übersicht beziehen sich die Angaben auf den mittleren Beginn und die Dauer der natürlichen Jahreszeit in Tagen. Die Daten unter I. gehören zum Höhenbereich 160 – 500 m über NN im Naturraum westhessisches Bergland etwa zwischen Marburg und Kassel, die unter II. zeigen das Eintrittsdatum dieser Phase in etwa 85 – 115 m Höhe im niedrigeren und klimatisch günstigeren Naturraum nördliches Oberrheintiefland zwischen Mainz und Karlsruhe. Wann beginnen die natürlichen Jahreszeiten der Zeigerpflanzen in Ihrer Region?

Daten und Anregungen für den Erzähltext
Der Frühling
Vorfrühling: Haselnuss, Blüte (I. 1.3. - 6.4., 37 Tage; II. 1.2.); Schneeglöckchen, Blüte
Der Vorfrühling beginnt, wenn in der zweiten Hälfte des Februar oder im Laufe des März die Kätzchen der Haselsträucher stäuben und die Schneeglöckchen blühen. Manchmal wird das Blühen noch vom verspäteten Schneefall überrascht.

Erstfrühling: Forsythie, Blüte (I. 7.4. – 5.5., 29 Tage; II. 11.3.); Rosskastanie, Blattentfaltung (II. 2.4.)
Das Blühen der Forsythie ist ein Zeichen für den Anfang des Erstfrühlings. Erst einige Zeit später fangen Rosskastanie und Birke mit der Blattentfaltung an. Da die Forsythie ursprünglich keine einheimische Pflanze war, fehlt die beliebte Pflanze oft in Bestimmungsbüchern.

Vollfrühling: Apfel, Blüte (I. 6.5. – 7.6., 33 Tage; II. 15.4.); Rosskastanie, Blüte (II. 20.4.)
Die Blüte früh reifender Äpfel ist ein Zeichen, dass jetzt der Vollfrühling da ist. Dies gilt aber nur, wenn man an mindestens drei verschiedenen Stellen des Apfelbaums eine vollständig geöffnete Blüte gesehen hat. Wenige Zeit später blühen auch die Rosskastanien.

Der Sommer
Frühsommer: Schwarzer Holunder, Blüte (I. 8.6. – 29.6., 22 Tage; II. 18.5.)
Den Beginn des Frühsommers erkennt man gut an den weißen Dolden der Holunderbüsche. Der Beginn des Frühsommers ist erreicht, wenn bei einer der Holunder-Blüten etwa die Hälfte der Einzelblüten völlig geöffnet sind.
Hochsommer: Linde, Blüte (I. 30.6. – 10.8., 42 Tage; II. 7.6.)
Wenn die Linden blühen und im Garten die Johannisbeeren reifen, dann kommt der Hochsommer. Der Beginn ist erreicht, wenn an der Linde die ersten Einzelblüten vollständig geöffnet sind und einen starken Duft ausströmen.

Spätsommer: Apfel, Fruchtreife (I. 11.8 – 1.9., 22 Tage; II. 15.7.)
Wenn die frühreifen Äpfel pflückreif sind, dann ist dies ein Zeichen für den Beginn des Spätsommers. Die Äpfel haben ihre Färbung angenommen und lassen sich durch leichtes Drehen mit der Hand vom Baum lösen.
Im Spätsommer wird auch das Wintergetreide geerntet, das im Spätherbst gesät worden ist.

Der Herbst
Frühherbst: Schwarzer Holunder, Fruchtreife (I. 2.9. – 21.9., 20 Tage; II. 7.8.)
Wenn sich bei den ersten Holunderfrüchten die Farbe von rot nach schwarz verfärbt, dann kommt der Frühherbst. Der Frühherbst ist erreicht, wenn alle Früchte des Schwarzen Holunders blau-schwarz geworden sind.

Vollherbst: Rosskastanie, Fruchtreife (I. 22.9. – 12.10., 21 Tage; II. 5.9.)
Wenn die Rosskastanien und Eicheln reif werden, ist der Vollherbst da. Bald setzt bei allen wild wachsenden Laubbäumen auch die Verfärbung der Blätter ein.

Spätherbst: Rosskastanie, Blattverfärbung (I. 13.10 – 26.10., 14 Tage; II. 11.10.)
Der Spätherbst beginnt, wenn die wild wachsenden Bäume ihr buntes Laub abwerfen. Die Rüben werden dann geerntet. Das Wintergetreide wird noch gesät. Mit dem Aufgehen des Wintergetreides endet auch der Spätherbst.

Der Winter
Winter: Vegetationsruhe (I. 27.10 – 28.2, 125 Tage)
Mit dem Winter geht das phänologische Jahr zu Ende. In der Natur tritt dann die Vegetationsruhe ein.

Meine eigene Lebensgeschichte

Für die Entwicklung von Selbstbewusstsein und Ich-Identität ist es wichtig, dass jedes Kind individuell Gelegenheit bekommt, von der Gegenwart aus auf seine Vergangenheit, die eigene Lebensgeschichte, zurückzublicken. Die Gegenwart ist das Zentrum der Zeiterfahrung und der Zeitreflexion. Im Rückblick auf die eigene Lebensgeschichte werden die individuellen Erlebnisse der Biographie nicht unbedingt chronologisch dem vergangenen Lebensweg entlang geordnet, sondern nach ihrer Bedeutsamkeit für die gegenwärtige Existenz. Wenn Kinder über ihre Lebensgeschichte erzählen, berichten sie aufeinander folgend oft Erlebnisinhalte, bis sie in der Gegenwart angelangt sind und einen beziehungsvollen Erlebniszusammenhang von der Vergangenheit bis zur Gegenwart im Bewusstsein aufgebaut haben. In diesem Vorgang der biographischen Erinnerung an Erlebnisse und der Rekonstruktion seines Lebensweges kann sich das reflektierende Kind plötzlich seiner Ich-Identität bewusst werden, indem es seine Gewordenheit in der unmittelbaren Beziehung zu seiner gegenwärtigen Existenz erkennt. Es ist also nicht die objektive Datierbarkeit eines Erlebnisses auf einer räumlich gedachten oder tatsächlichen Zeitleiste, sondern die bedeutungsvolle Beziehung eines erinnerten Erlebnisses zur eigenen gegenwärtigen Existenz, die die Zeitlichkeit bewusst macht. Indem vorgestelltes Vergangenes, erlebtes Gegenwärtiges und erwartetes Zukünftiges im Jetzt-Bewusstsein miteinander in Beziehung gebracht und verglichen werden, geschieht dieses als Zeitbewusstsein. Es ist das Wissen, dass Vergangenheit bedeutet, einmal Gegenwart gewesen zu sein, und dass Zukunft bedeutet, einmal Gegenwart zu werden. Die personale Kontinuität in der Zeit ist das überdauernde, mit sich selbst identische Ich im gegenwärtigen Bewusstsein.

„Die Beständigkeit der Erinnerung"

In dem vor dreißig Jahren von Gina Ruck-Pauquèt erschienenen Buch „Opa, Kläff und Jonki" (Ravensburg 1971) gab es den folgenden Dialog zwischen Babsy und ihrer Mutter (hier gekürzt):

> *Weißt du sicher, dass es einmal wieder Frühling wird?*
> Ja.
> *Woher weißt du es?*
> Es ist immer wieder Frühling geworden.
> *Wo kriegen die Bäume die neuen, grünen Blätter her?*
> Sie kommen aus ihnen heraus. So, wie die Gedanken aus dir herauskommen.
> *Hm. – Im Sommer saß ein Junge mit einer Mundharmonika hier.*
> Und auf der Bank die dicke Frau, die strickte.
> *Und dann war da noch der Hund – weißt du, der, der immer Löcher gebuddelt hat. Wo sind die alle? Ich meine, wo ist der ganze Sommer? Kommt er wieder?*
> Nein. Derselbe Sommer kommt nicht wieder.
> *Ist er einfach fort?*
> Nein. Er ist nicht fort. Nichts, was gewesen ist, ist einfach fort. Er ist in dir. Wenn du die Augen zumachst, kannst du ihn sehen.
> *Mm. Wird das, was heute ist, morgen auch in mir drin sein?*
> Ja.

Wird der Zentralsatz „Derselbe Sommer kommt nicht wieder" an die Tafel geschrieben, dann ist es interessant, von den Kindern zu erfahren, was sie über die Aussage denken. Werden sie aus ihrem Wissen über die naturgegebenen, zyklisch sich in ähnlicher Weise wiederholenden Jahreszeiten oder schon aus ihren Erfahrungen mit der konkret-inhaltlichen Unwiederholbarkeit biographisch-historischer Zeitprozesse heraus argumentieren?

Wird den Kindern der Text vorgelesen, damit das Dialogische deutlich zum Ausdruck kommt, dann bieten sich zunächst Babsys Fragen als Gesprächsanlass. Sie stehen für Fragen vieler Kinder in diesem Alter und müssen ernst genommen und informativ beantwortet werden. Sie sind meist final und nicht mit dem Wunsch nach Sachinformationen gestellt; sie müssen deshalb auch final beantwortet werden. Es sind Fragen nach der Verlässlichkeit der Welt und der Natur. Dahinter stehen vielleicht die Fragen: Werden die Bäume wieder grün oder sind sie schon krank? Wie wird es mit der Natur in meinem Leben weitergehen, wenn ich erwachsen bin? Die Klarheit und Einfachheit der Antworten von Babsys Mutter geben Sicherheit und Gewissheit.

Im zweiten Teil des Dialogs richten sich Babsys Fragen, nachdem sie sich beide im Assoziieren von Erinnerungen gegenseitig angeregt haben, auf den Verbleib der vergangenen Sommererlebnisse.
Wo sind sie alle? Ich meine, wo ist der ganze Sommer? Kommt er wieder?
Im Gegensatz zu den zunächst eindeutigen Ja-Antworten der Mutter nach den vergangenen Sommererlebnissen verneint sie Babsys Frage in ebenso eindeutiger Weise. Die letzte Frage Babsys zeigt, dass ihr die biographisch-historische Dimension der Zeit durch den Dialog *bewusst* geworden ist. Sie hat die Erkenntnis gewonnen, dass das Heute, nämlich die Gegenwart, zur Vergangenheit wird, aber in der Erinnerung weiterbesteht und im Morgen, nämlich in der Zukunft, weiterwirkt.

Der Titel von SALVADORE DALÍS berühmtem Gemälde Die *Beständigkeit der Erinnerung* von 1921 könnte auch über dem Dialog zwischen Babsy und ihrer Mutter stehen. Das Gemälde ist als Kunst-Postkarte im Handel und als Farbabbildung in der Mappe „Meisterwerke der Kunst", Thema „Zeit", erhältlich (Landesinstitut für Erziehung und Unterricht Stuttgart, Mappe 48/2000, Villingen-Schwenningen: Neckarverlag, ISBN 3-7883-9048-4). Es ist auch unter den Titeln *Die weichen Uhren* und *Die zerrinnende Zeit* bekannt geworden. Was aber bleibt von der Zeit, wenn sie zerfließt, wie die Dalí-Uhren es symbolisieren? Die drei Titel sprechen aus, was Dalí zum Ausdruck bringen will: Die Zeit verrinnt, beständig bleibt nur die Erinnerung. Auf die Ideen der Kinder beim Gespräch über das Gemälde kann man immer gespannt sein.

Erinnern will gelernt sein

Kinder wachsen in ihre Lebensgeschichte hinein. Aus dem, was sie gegenwärtig im Umgang mit ihren Eltern, Geschwistern, Großeltern, Freunden, Lehrerinnen und Lehrern erleben, erwächst im Gedächtnis die Substanz ihrer zukünftigen Erinnerungen. Aber die Abfolge von Ereignissen im Fluss ihrer Lebenszeit ist dem jungen Kind noch nicht *bewusst*. Das Kind hat auch noch keine Erfahrung mit dem bewussten Erinnern und mit Erinnerungen und damit auch noch keine bewusste persönliche Beziehung zu Ereignissen, die seiner vergangenen Lebenszeit angehören, aber für seine Lebens-*geschichte* von Bedeutung sind. Seine bisher erlebte eigene Geschichte steckt aber in seinem biographischen Gedächtnis. Sie kann aus dem Gedächtnis hervorgeholt und im Bewusstsein der Gegenwart verlebendigt werden. Dieser Vorgang des Hervorholens wird „erinnern" genannt. Der Vorgang, Erinnerungen auszugraben und bewusst zu machen, ist zunächst

ungewohnt und muss gelernt werden. Dann macht es Kindern immer mehr
Freude, weil sie erkennen, das bin Ich.

Spätestens vom 2. Schuljahr an ist damit zu beginnen, das Erinnern syste-
matisch zu pflegen. Die gezielte biographische Selbstreflexion der Kinder
kann durch die Rückschau auf ihren eigenen Lebenslauf bis zur Geburt begonnen werden. Ein solcher Lebenslauf kann materialgeleitet in Form eines
leporelloartigen Lebenslauf-Kalenders oder einer Lebenskette mit anlegba-
ren Fotos, Bildern, Texten und Gegenständen hergestellt werden.

Als Material der Kinder werden Einzelfotos oder Fotoalben der Familien
benötigt. Hinzu kommen Daten der Eltern zur Lebensgeschichte ihres Kindes. Weiter können altes Spielzeug, Bilderbücher, Kleidungsstücke und andere persönliche Dinge für eine Klassenausstellung mitgebracht werden.
Um die Unterstützung der Eltern zu gewinnen, sollte man ihnen frühzeitig
auf einem Informationsabend die Bedeutung dieser Arbeit für die Ich- und
Identitätsentwicklung ihres Kindes erklären. Den Eltern kann man eine
Aufstellung benötigter Fotos – wenn vorhanden – und eine Liste geben, in
die sie die für ihr Kind zutreffenden oder zu ergänzenden Daten eintragen.
Die Eltern sollten ihre Kinder hierüber noch nicht informieren und abwar-
ten, bis die Kinder mit ihren Wünschen auf sie zukommen.

Ziele des Unterrichts können sein:

- Fotos, Spielzeug, Bilderbücher, Kleidungsstücke und andere Gegenstände der Kinder sollen sie an Ereignisse der zurückliegenden Jahre erinnern und zum Erzählen über ihre Lebensgeschichte veranlassen.
- Die Kinder sollen versuchen, erzählte Ereignisse, Fotos und Gegenstände in eine zeitliche Reihenfolge zu bringen (Merkmal historischen Lernens: Chronologie) und in geeigneter Form bildhaft darzustellen.
- Durch die erzählten und dokumentierten Lebensereignisse soll ansatz-
  weise ein Bewusstsein von Kontinuität in ihrem persönlichen Leben
  (Identitätsentwicklung, Ich-Geschichte) angebahnt werden.

Man darf nicht vergessen, dass es sich um 7- bis 9-jährige Kinder handelt
und nicht erwarten, dass sie zu den Bildern und Dokumenten eine zu-
sammenhängende Lebensgeschichte erzählen können. Vielmehr werden
sie zu den einzelnen Bildern und Dokumenten Beschreibungen geben, die
eher unverbunden nebeneinander stehen und noch nicht zu einer Ich-Geschichte verknüpft sind. Es geht darum, Wissen von der eigenen Biographie
anzubahnen. Dies ist eine wichtige Voraussetzung für die Entwicklung des
Zeit- und Geschichtsbewusstseins ebenso wie für die Identität.

Im Unterricht stand einmal die Lebenskette und einmal der Lebenslauf-Leporellokalender im Mittelpunkt. In beiden Fällen war die Einstiegsphase ähnlich.

Einstiegsphase

Sie beginnen mit Ihrer *eigenen Lebensgeschichte* und nehmen die Kinder durch Ihr Erzählen mit in ihre eigene Vergangenheit: „Als ich so alt war wie ihr, da …" Sie holen Ihre „Erinnerungskiste" mit Ihren eigenen Fotos und kleinen Gegenständen aus Ihrer Tasche und öffnen sie. Sie nehmen einen Erinnerungsgegenstand aus der Kiste (z.B. eine Muschel, einen Stein oder ein Fossil) und berichten über diesen Fund. Sie zeigen ein Foto von Ihrer ersten Klasse und von Ihrer besten Freundin und erzählen *Erinnerungsgeschichten* dazu. Dann ziehen Sie Ihren Teddy aus Ihrer Tasche, der Sie immer getröstet hat, wenn … Schließlich zeigen Sie noch Ihr Baby-Foto und geben an die Kinder weiter, was Sie von Ihrer Mutter oder Ihrem Vater über die Baby-Zeit erfahren haben, an die Sie sich selbst nicht erinnern können. Wenn die Kinder im Anschluss nicht gleich von sich aus Geschichten erzählen, können Sie das Gespräch durch folgende Fragen anstoßen:

- Gibt es Ereignisse in deinem Leben, die schon länger zurückliegen, an die du dich aber selbst noch ganz gut erinnern kannst?
- Was ist seit deiner Geburt in deinem Leben alles passiert?
- Erzähle Ereignisse aus deinem Leben.

Dieser Einstieg zeigt, ob die Kinder aus ihrer bisherigen Lebensgeschichte überhaupt etwas erinnern, was sie über ihre Vergangenheit wissen und welche Bedeutung es für sie hat. Das Gespräch soll auch zu der Erkenntnis führen, dass wir im Rückblick an vieles selbst keine Erinnerung haben, uns aber Fotos und die Erzählungen der Eltern oder Großeltern helfen, etwas über uns zu erfahren, vor allem über unsere frühe Kindheit. Dies soll motivieren, sich selbst Informationen und Dokumente zur eigenen Lebensgeschichte zu beschaffen. Den Kindern wird ein Arbeitsblatt erläutert, auf dem sie für die Erkundung zu ihrem eigenen Leben wichtige Informationsquellen finden:

- Was erinnert an mich: Fotos, Spielzeug, Bilderbücher, Kleidung, Zeichnungen u.a.
- Wer kann über mein Leben erzählen und interessante Ereignisse von mir aufschreiben: Mutter, Vater, Geschwister, Großeltern, andere Verwandte, Bekannte
- Wo kann ich wichtige Daten aus meinem Leben nachsehen: Stammbuch der Familie (Standesamt, Name, Geschlecht, Geburtstag, Geburtsort, El-

tern, eventuell Tag der Taufe); Urkunden (z.B. Freischwimmer-Zeugnis, Fahrradpass, Impfausweis)

● Welche Daten kann ich erfragen: Gewicht und Größe bei der Geburt, Kinderkrankheiten, erster Zahn, Beginn des Laufens und des Sprechens, Geburtstag von Geschwistern, erster Tag im Kindergarten und in der Schule u.Ä.

Wenn die Kinder dann in den nächsten Tagen ihre „Erinnerungskisten" mit ihren Fotos, Fotoalben, Gegenständen und Daten mit in die Schule gebracht haben, kann die biographische Arbeit mit der Lebenskette oder an dem Leporello-Kalender zum Lebenslauf beginnen.

Die biographische Arbeit mit der Lebenskette

Material

Die Lebenskette besteht aus 120 Holzkugeln für die ersten zehn Lebensjahre. Zwischen den Kugeln sollten Knoten sein, damit sie auf der Schnur nicht verrutschen. Jede Kugel bedeutet 1 Monat, jedes Jahr hat 12 Kugeln; die zwölfte Kugel ist rot (und hat ggf. eine andere Größe), damit sich die Jahres- von den Monatskugeln abheben. Sehr schön ist eine lineare Lebenskette aus Holzkugeln, die einen Durchmesser von 3 cm haben. Sie ist dann entsprechend lang und muss in der Klasse auf dem Boden ausgezogen werden. Außer der Kette werden benötigt: Teelichter für jeden Geburtstag, Streichhölzer, ein schönes Tuch, kleine Döschen für die erste Locke, aufbewahrte Milchzähne u.Ä., etwa 25 farbige Bild- und Textkärtchen zu Ereignissen im Lebenslauf, 10 gelbe Pfeilkarten (1 Jahr alt, 2 Jahre alt, ...), 10 gelbe Pfeilkarten (1. Geburtstag, 2. Geburtstag, ...), 10 grüne Pfeilkarten (Januar 2003, Januar 2002, Januar 2001, ...), eine „Erinnerungskiste" (Schuhkarton) mit Fotos, Bildern und kleinen Gegenständen, leere Heftchen für „Meine Lebenskette". Zu den Ereigniskärtchen sind in der Literatur Kopiervorlagen zu finden (z.B. in: Schaub 1996, S. 160-162; Cornelsen: Lesebuch Jo-Jo, Lehrerband, 3. Schuljahr, S. 93-95). Diese müssen bunt angemalt, auf Karton geklebt und ausgeschnitten werden. Die vorgegebenen Ereigniskarten sind nur Beispiele, die durch eigene und vielleicht schönere Karten dieser Art ersetzt werden können. Kinder lieben auch Lebensketten im Kleinformat, die aus kleinen Perlen hergestellt sind und mit kleinen Bildchen und Pfeilkarten ihren Lebenslauf veranschaulichen.

Meine Daten zur Lebenskette

Trage die Daten ein, die für dich in Frage kommen. Manchmal musst du dir sicher helfen lassen.

Tag, Monat, Jahr	Ereignis
	Tag meiner Geburt.
	Ich wurde getauft.
	Ich konnte sitzen.
	Ich konnte krabbeln.
	Ich konnte stehen.
	Ich konnte allein laufen.
	Ich wurde 1 Jahr alt.
	1. Geburtstag
	Ich wurde 2 Jahre alt.
	2. Geburtstag
	Ich wurde ____ Jahre alt.
	____. Geburtstag
	Ich bin jetzt ____ alt.
	Ich bekam den 1. Zahn.
	Ich sagte zum 1. Mal „Mama".
	Ich fing an zu sprechen.
	Meine Schwester wurde geboren.
	Mein Bruder wurde geboren.
	Ich bin in den Kindergarten gekommen.
	Ich konnte Schuhe zubinden.
	Ich lernte Fahrrad fahren.
	Ich lernte ein Musikinstrument.
	Ich konnte meinen Namen schreiben.
	Ich kam in die Grundschule.
	Ich lernte schwimmen.
	Ich habe das 1. Mal das Meer gesehen.
	Ich bin zum 1. Mal mit dem Zug gefahren.
	... zum 1. Mal mit dem Flugzeug geflogen.
	Ich bin im Krankenhaus gewesen.
	Januar _____

Einsatz der Lebenskette

Wenn Sie das Material zur Lebenskette in Ihrer Klasse neu einführen, sollten Sie den Umgang damit durch eine Darbietung zu Ihrer eigenen Kindheit
zeigen. Sie können auch nach Absprache für ein einzelnes Kind eine einführende Darbietung in seinen Lebenslauf machen. Das Material kommt
danach in ein Regal und kann von einzelnen Kindern in der Freien Arbeit
genutzt werden. Gerne lassen sich die Kinder an ihrem Geburtstag in die
Geschichte ihres Lebens einführen. Die Kette wird deshalb auch *Geburts-
tagskette* genannt. Es entsteht dann manchmal ein intimer Dialog zwischen
Kind und Lehrerin. Es kommt vor, dass zwei Kinder gleichzeitig das Material ihres bisherigen Lebens an die Geschichtskette legen; sie können dann
die Ereignisse ihrer beider Leben miteinander vergleichen. Eine Atmosphäre des Vertrauens und der Ruhe ohne Zeitdruck ist wichtig, damit sich
Bewusstseins- und Identitätsbildung entwickeln können.

Die Lebenskette liegt gerade auf dem Fußboden. Das übrige Material ist
geordnet neben dem Anfang der Kette ausgebreitet. Die Bedeutung der Ku-
gelfarben wird erläutert: „Die erste (hier: blaue) von dem Tuch noch zuge-
deckte Kugel ist der *Tag der Geburt*. Jede naturfarbene Kugel ist ein Monat,
jede rote Kugel ist der 12. Monat. Dann ist ein Jahr vorbei und du hast Geburtstag. Die roten Kugeln sind die Geburtstagskugeln. Wenn ihr euch noch

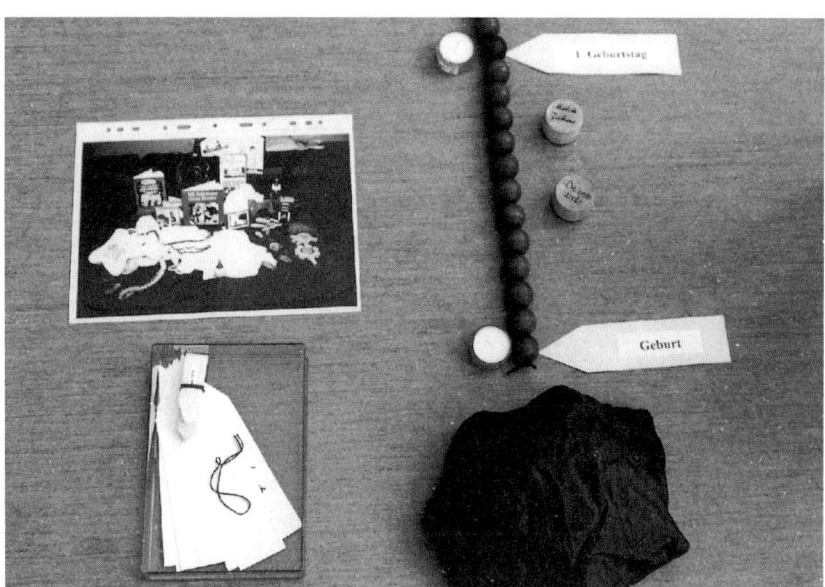

Ausschnitt aus der Lebenskette

an die Woche und den Monat voller Ereignisse in unseren Tagebüchern erinnert, dann können wir jetzt feststellen, hier in *einer* Kugel steckt solch ein
ganzer Monat voller Erinnerungen. "

Meist müssen den Kindern Anregungen gegeben und Erinnerungen an Ereignisse ausgelöst werden, damit eine biographische Lebensgeschichte aus
Erzählung und Dialog zustande kommt. Es ist wichtig, das biographische
Erzählen eines Kindes zu dokumentieren, damit daraus ein eigenes Büchlein zu „Meine Lebenskette" entstehen kann.

Beim biographischen Dialog kann es wichtig sein, das Kind Ereignisse
und Erlebnisse erzählen und es dabei unter dem Gesichtspunkt der persönlichen Bedeutsamkeit in der Lebensgeschichte vor und zurück und hin
und her springen zu lassen, ohne auf die linear-chronologische Struktur der
Lebenskette zu achten. Auf der anderen Seite ist es – vielleicht in einem
zweiten Durchgang – wichtig, bestimmte Datierungen zur Entwicklung des
Zeitverständnisses konsequent zu verfolgen. Manche Kinder sind nämlich
der Auffassung, der Tag der Geburt sei ihr 1. Geburtstag. Zur Aufhebung
dieses Missverständnisses kann die Arbeit an der Kette klärend beitragen:
Von der Geburt bis zum 1. Geburtstag vergeht ein Jahr. Ein ganzes Jahr
lang befindet man sich im 1. Lebensjahr, und erst am Ende dieses 1. Lebensjahres wird der 1. Geburtstag gefeiert. Dann kann man sagen: „Ich bin
1 Jahr alt." An die erste rote Kugel der Jahreskette können dann die Pfeile
„1. Geburtstag" und „Ich bin 1 Jahr alt", ein Foto vom 1. Geburtstag und ein
Teelicht gelegt werden. Danach beginnt das 2. Lebensjahr und erst nach
Ablauf des 2. Lebensjahres wird der 2. Geburtstag gefeiert usw.

Eine Schwierigkeit besteht für Kinder in der Berücksichtigung der kalendarischen Orientierung bei der Lebenskette, die ganz auf die Hervorhebung
der Geburtstage, der Geburtsjahre und der Lebensgeschichte gerichtet ist.
Es sind deshalb *Januar-Pfeilkarten* vorgesehen, die eine kalendarische
Orientierung ermöglichen. Ist der Tag der Geburt z.B. der 22. April 1993,
dann beginnt mit der 10. Monatskugel der *Januar 1994*. An diese Kugel
wird dann die Pfeilkarte *Januar 1994* gelegt. Im Jahr 1994 ist also der 2. Geburtstag, nämlich am 22. April 1994. Es ist ratsam, dann zur zeitlichen
Orientierung in einem Durchgang alle weiteren Januar-Karten bis zum Jahr
2003 zu legen. Wenn die Lebenskette im 2. Schuljahr eingeführt wird, dann
sehen die Kinder die zwei zukünftigen Grundschuljahre an der Lebenskette, die noch vor ihnen liegen.

„Meine Lebensgeschichte" im Leporello-Kalender

Den Kindern wird vorgeschlagen, z.B. als Geschenk für die Mutter zum Muttertag, für Eltern zu Weihnachten oder für eine Ausstellung auf dem Elternnachmittag am Ende des Schuljahres einen eigenen Lebenslauf-Kalender in der Form eines Leporellos zu erstellen. Damit die Kinder sich vorstellen können, wie ein solcher Leporello-Kalender aussieht, sollte man ihnen ein Muster der eigenen ersten zehn Lebensjahre zeigen.

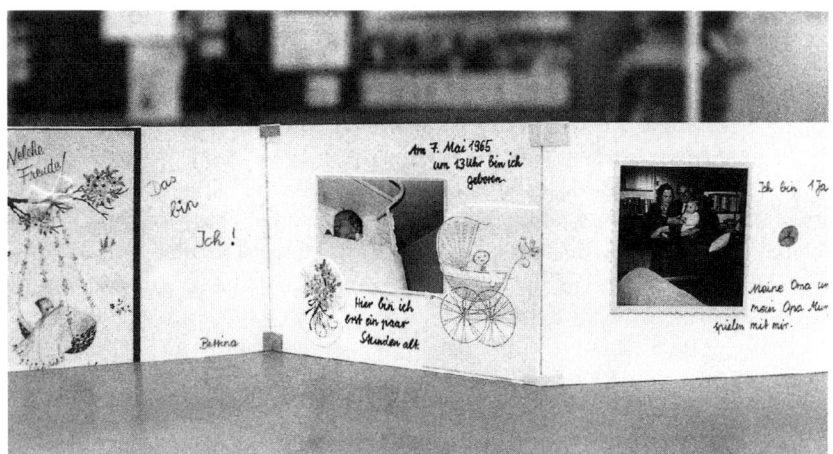

Leporello-Kalender

Als Material für den Kalender wird benötigt: 10 Blatt Tonkarton, DIN-A5 oder DIN-A4 (je nach Größe der Fotos), Tesaband zum Aneinanderkleben der einzelnen Blätter, Scheren, Kleber, Bundstifte u.Ä.

Am Beispiel von Michele kann etwas von der biographischen Bedeutung dieser Arbeit erkannt werden. Michele sitzt nachdenklich über seinen fertigen Blättern. Worüber mag er wohl nachdenken? Auf dem Teppich versucht er, seine Blätter der zeitlichen Reihenfolge nach zu ordnen. Immer wieder betrachtet er sich minutenlang auf den Fotos seiner Lebensgeschichte. Die „Lebenskette" hilft Michele, seine Blätter der zeitlichen Reihenfolge nach zu ordnen. Dabei orientiert er sich an den roten Holzkugeln, die die Geburtstagsmonate markieren.

Nachdem Michele seine Blätter zu einem Leporello-Kalender zusammengeklebt hat, ist seine Lebensgeschichte auch für andere Kinder ein interessanter Gesprächsstoff.

Einige Kinder haben angefangen, ihre „Werke" sorgfältig hintereinander aufzustellen. Jede Lebensgeschichte hat eine individuelle Note.

Für ihren Beitrag bei der Jahresabschlussfeier in der Pausenhalle hat die Klasse 2b das Thema *Meine Lebensgeschichte – Unsere Klassengeschichte* gewählt. An der Wand wird es eine Zeitleiste zur Klassengeschichte mit den Dokumenten vom Anfang des 1. und 2. Schuljahres geben: Klassenfotos, Porträtfotos, Steckbriefe der Kinder mit ihren Daten (Geburtstage, Gewicht, Größe usw.), Körperumrisse u.Ä. Die Zeitleiste wird ergänzt mit Fotos, Bildern, Zeitungsberichten u.Ä. aus der Ortsgeschichte der beiden zurückliegenden Schuljahre, so dass ein Bezug zwischen individueller Lebensgeschichte und regionaler Zeitgeschichte sichtbar wird. Vor der Zeitleiste an der Wand stehen Tische, auf denen die Leporello-Kalender der Kinder aufgestellt sind. Aus den mitgebrachten Spielsachen (Rasseln, Teddys, Puppen, Holzautos, Bausteine, Dreirad, Fahrrad mit Stützrädern usw.), Kleidungsstücken (Babyschuhe, Babykleidung, Windeln, Schnuller usw.), Schultüten und Kinderbüchern entstehen drei Ausstellungstische.

Der „Babyzeit-Tisch"

„Wir haben es selbst erlebt" – Familiengeschichten im 20. und 21. Jahrhundert

Mit dem Rückblick auf die eigene Lebensgeschichte haben die Zweit- oder Drittklässler gelernt, eigene Erlebnisse zu erinnern, ihre Eltern um Ergänzungen zur Babyzeit zu befragen und Dokumente über die eigene Vergangenheit ihrer acht oder neun Lebensjahre zu sammeln. In all diesen Situationen biographischen Erinnerns an die eigene Lebensgeschichte bedarf es nur eines kleinen Anstoßes, und es beginnt das Fragen nach dem Leben, als die Eltern, Großeltern und Urgroßeltern Kinder waren.

Der Zugang zur Geschichte von den eigenen Lebensdaten des Kindes über die Lebensdaten der Eltern, Großeltern und Urgroßeltern bis hin zu den allgemeinen historischen Ereignissen umfasst den zeitlichen Zusammenhang des vergangenen 20. und des beginnenden 21. Jahrhunderts. Zu diesem Jahrhundert gehören die beiden großen Weltkriege mit Millionen von Toten, mit Flucht, Vertreibung, Migrationsströmen in und nach Deutschland.

Gerade Migrantenbewegungen sollte man bedenken, wenn Kinder ihre Eltern, Großeltern und Urgroßeltern als Zeitzeugen des 20./21. Jahrhunderts befragen. In vielen Klassen ist deshalb mit Kindern und Familien von unterschiedlicher kultureller Herkunft zu rechnen. (vgl. SCHUBERT 1996, GLUMPLER 1999)

Ferner ist zu bedenken, dass beschleunigte Modernisierung erst seit den 60er-Jahren zu wirklichen Veränderungen der Lebensumstände geführt hat. Das bedeutet, dass die seit den 60er-Jahren heranwachsende Elterngeneration der heutigen Grundschulkinder, und das trifft auch auf die jüngeren Lehrerinnen und Lehrer zu, selbst unter Lebensverhältnissen gelebt hat und lebt, die vom Modernitäts- und Mobilitätsschub und nicht vom Kontrast „früher – heute" geprägt ist. Die Generationen, die noch den kontrastierenden Vergleich selbst erlebt haben, sind die der Urgroßeltern und der Großeltern. Geht es bei der Befragung von Zeitzeugen aus dem Kreis der Familie, Verwandtschaft und Bekanntschaft um die Aufarbeitung des Kontrastes „früher – heute", dann müssen sich die Kinder vorwiegend an die Großelterngeneration wenden.

Ich und meine Familie im 20. und 21. Jahrhundert

Im ersten Teil des Gesamtthemas „Meine Familiengeschichte im 20. und 21. Jahrhundert" geht es zunächst um die biographischen Daten der Eltern, Großeltern, Urgroßeltern und ihre Strukturierung. Im zweiten Teil kommen dann die inhaltlichen Aspekte von Ereignissen im 20./21. Jahrhundert hinzu. Thematische Schwerpunkte im ersten Teil sind:

- Meine Familie: Erfragen von Informationen und Erstellen eines Familienstammbaums
- Meine Großeltern: Erste Fragen an die Großeltern (Datenbezogenes Interview)
- Auswertung der Befragung von Eltern und Großeltern in einem „Lebenslauf"
- Geburtsorte und Wohnorte auf einer Europa- oder Deutschlandkarte markieren
- Erstellen einer Zeitleiste: Lebensdaten der Familie auf einer Zeitleiste einordnen

Zur *Hinführung* auf das große Thema „Meine Familiengeschichte im 20. und 21 Jahrhundert" hatte die Lehrerin einer 3. Klasse *Fotos von ihrer Familie* mitgebracht und beim Auslegen über die Personen lustige und interessante Geschichten von früher erzählt. Unter den Fotos waren Einzelfotos von Familienmitgliedern, Fotos mit ihren Eltern, Fotos von den zwei Großelternpaaren und ein größeres Familienfoto mit vielen Kindern und Erwachsenen aus der Zeit, als die Lehrerin noch in der Grundschule war. Die Kinder hatten dem Erzählen ihrer Lehrerin gespannt zugehört, aber nun ging die Fragerei los: „Wo bist du auf dem Foto?"

Die Lehrerin legte die Einzel- und Paarfotos beim Erzählen auf dem Teppich zu einem *Stammbaum* zusammen. Dann öffnete sie die Innentafel, auf der unter der Überschrift „Ich und meine Familie" ein Stammbaum mit den drei Ebenen Kind, Eltern, Großeltern gezeichnet war. In die rechteckigen Kästchen schrieb sie nur die Vornamen mit dem Anfangsbuchstaben des Nachnamens und das Alter der Personen ihrer Familie. Anschließend bekamen die Kinder die Aufgabe, ohne vorherige Vorbereitung einen Stammbaum ihrer eigenen Familie zu erstellen, soweit es ihnen möglich war.

Als die Lehrerin verkündete, dass sie sich in der nächsten Zeit mit dem Thema „Ich und meine Familiengeschichte" beschäftigen und eine *Erinnerungskiste* oder ein *Erinnerungsbuch* zusammenstellen würden, waren die Kinder begeistert. Sie fingen gleich an, Vorschläge zur Realisierung zu machen: *Fotos sammeln, Bilder aus Büchern kopieren oder ausschneiden, Bilder malen, ältere Leute befragen, ältere Leute in die Klasse einladen, im Museum Erkundigungen durchführen, Videos anschauen, in der Stadtbibliothek Bücher ausleihen.* Hier wirkten sich bereits die Erfahrungen aus, die die Kinder im 2. Schuljahr beim Erstellen ihres Leporello-Kalenders und mit der Lebenskette machen konnten.

Bei der Weiterarbeit ging es zunächst um die *Erstellung eines einfachen Fragebogens*, bei dem es neben den *Namen*, *Altersangaben*, *Heiratsdaten* vor allem auf den *Geburtsort* und den gegenwärtigen Wohnort ankam. Die Eltern waren auf einem Elternabend und in einem *Elternbrief* über den Zweck der Befragung informiert worden.

Fragen an die Eltern

Wie heiße ich? _____

Wann wurde ich geboren? _____

Wo wurde ich geboren? _____

Wann bin ich in die Schule gekommen? _____

Wo wohne ich heute? _____

Warum sind wir umgezogen? _____

Wie alt bin ich heute? _____

Was möchtet ihr mir noch sagen? _____

Fragen an die Mutter, den Vater, die Großmutter oder den Großvater

Wie heißt du? _____

Wann bist du geboren? _____

Wo bist du geboren? _____

Wann hast du geheiratet? _____

Wie viele Kinder hast du? _____

Welchen Beruf hast du? _____

Welche Hobbys hast du? _____

Wo wohnst du heute? _____

Warum bist du weggezogen? _____

Was möchtest du noch sagen? _____

Es kann sinnvoll sein, für die Mutter, den Vater, die beiden Großmütter und Großväter getrennte Fragebögen zu verwenden. Wenn die Großeltern nicht erreichbar sind, können die Enkel ihnen schreiben. Sonst müssen Mutter oder Vater stellvertretend die Fragen beantworten. Gleichzeitig können die Kinder Fotos und andere Dokumente der Eltern und Großeltern sammeln. Die Möglichkeiten hierzu werden je nach Elterhaus unterschiedlich sein. Manchen Kindern muss Hilfe angeboten werden.

Die Durchführung einer inhaltlichen Befragung sollte vorher in *Partnerarbeit trainiert* werden. Dazu gehört es, Fragen in der richtigen Reihenfolge zu stellen, Antworten in Ruhe abzuwarten und sich Notizen zu machen. Eine Erleichterung bedeutet es, wenn das Gespräch mit Zustimmung der Befragten mit einem *Kassettenrekorder* auf Band aufgenommen werden darf.

Die *Auswertung der Befragungen (Interviews)* kann auf verschiedene Weise geschehen. Sehr schön ist es, auf einem DIN-A4-Blatt oben ein Foto der betreffenden Person oder ein gemaltes Bild aufzukleben und darunter aus den Daten der Befragung einen kleinen *Lebenslauf* zu schreiben. Ein solcher Text kann folgende Struktur haben:

Meine Eltern

Mein Papa heißt _____ . Er wurde 19_____ in

geboren. Dort ging er auch zur Schule. Mein Papa ist _____ von Beruf.

Als er arbeitslos war, ist er nach _____ gezogen. Dort hat er meine

Mama kennen gelernt. Sie heißt _____ . Sie ist in _____ ge-

boren und jetzt _____ Jahre alt. Sie haben 19___ geheiratet. Und später

kam ich zur Welt. Ich bin jetzt 9 Jahre. Meine Schwester ist im 1. Schuljahr.

Wir fahren gern an die See.

Wie ein solcher Text konkret aussehen kann, kann zunächst in einer *allgemeinen Einführung* von der Lehrerin gezeigt werden. Darüber hinaus sollten den Kindern, z.B. in den Stunden der Freien Arbeit, *Einzelgespräche als Hilfe beim Schreiben der Texte* angeboten werden. Erfahrungsgemäß nutzen die Kinder die Gelegenheit des Einzelgesprächs auch gerne, um über Ereignisse zu berichten, die sie mit der befragten Person gemeinsam erlebt haben. Dies kann für das Verstehen des Kindes sehr wichtig sein.

Vor allem in *multikulturellen Grundschulklassen* ist es anschaulich, wenn auf einer Wandkarte vom heutigen Wohnort in Deutschland aus bunte Fäden zu den Orten in den Ländern gespannt werden, in denen die Kinder, Eltern und Großeltern geboren sind, gelebt haben oder noch leben. In *Europakarten auf DIN-A4-Blättern* können die betreffenden Kinder individuell durch kleine Kreise und Quadrate die entsprechenden Orte und Länder markieren. Aber auch innerhalb Deutschlands gibt es durch Heirat und Arbeitsplatzwechsel bedingte Binnenmigrationen, zu denen die betreffenden Kinder auf einer *Deutschlandkarte* ihre Eintragungen machen können. Für das historische Lernen ist die Kartierung besonders wichtig, um die *Herkunftsorte der deutschen Urgroß- und Großelterngeneration* bewusst zu machen.

Die Daten und die Fotos der verschiedenen Generationen können auf einer Zeitleiste übersichtlich angebracht werden, um das Verständnis für zeitliche Abläufe und biographische Veränderungen weiterzuentwickeln.

Meine Familiengeschichte in der Geschichte des 20. und 21. Jahrhunderts

Im Folgenden werden die erfragten Daten und Dokumente auf dem Hintergrund der Geschichte des 20. Jh.s weiter verarbeitet und erweitert. Im Mittelpunkt stehen folgende thematische Schwerpunkte:

- Das Leben der Menschen damals in Deutschland: Inhaltsbezogene Befragung der Großeltern und – wenn möglich – der Urgroßeltern sowie Sammlung privater Gegenstände und Dokumente aus dem 20. Jh.
- Politische Ereignisse und Entwicklungen
- Verkehr und Raumfahrt
- Erfindungen und Entdeckungen
- Katastrophen und Unglücksfälle

Bei den letzten vier Themenschwerpunkten geht es um die Auswahl und Sammlung von Bild- und Textmaterial für die weitere Bearbeitung von Teilthemen und Interessenschwerpunkten.

Die Sammlung von Bildern, Texten, Dokumenten, Gegenständen und anderen medialen Möglichkeiten können auf verschiedene Ziele gerichtet sein, zum Beispiel darauf,

- eine persönliche Familienchronik des 20./21. Jh.s zu erstellen,
- eine Ausstellung zum 20./21. Jh. mit Tischen, Tafeln und Zeitleisten vorzubereiten oder
- mit der Jahrhundertkette individuell, in kleinen Gruppen oder mit der ganzen Klasse das 20./21. Jh. zu erarbeiten.

Im Folgenden wird die *Arbeit mit der Jahrhundertkette* vorgestellt. Die dabei dargestellten Materialien können auch im Rahmen einer Ausstellung oder bei der Erstellung einer Chronik des 20. Jh.s verwendet werden.

Die Jahrhundertkette oder die Hundertfünfzigjahreskette

„Zeit" als Zeitleiste an der Wand oder als Zeitband auf der Erde räumlich von links nach rechts verlaufend darzustellen, hat in der Grundschule eine lange Tradition. Entsprechendes Foto-, Bild- und Textmaterial wird dann meist auf das Papier aufgeklebt oder mit Nadeln angesteckt. Ergänzungen und Änderungen sind nur schwer möglich. Das heißt nicht, dass Zeitleisten nicht auch z.B. im Rahmen von Ausstellungen ihre Bedeutung haben. Die Zeitdarstellung mit Holzperlenketten, wie sie an Montessori-Schulen verwendet werden, sind für bestimmte Zwecke flexibler einzusetzen. Lose Fotos, Bilder, Texte, Modelle und Gegenstände lassen sich zeitlich leichter zuordnen und sind jederzeit ergänzbar und austauschbar. Was bei Kindern für das Empfinden von Zeitabläufen sehr wichtig ist, ist die körperliche Bewegung beim Abschreiten der langen Kette von der Gegenwart aus zurück in die Vergangenheit.

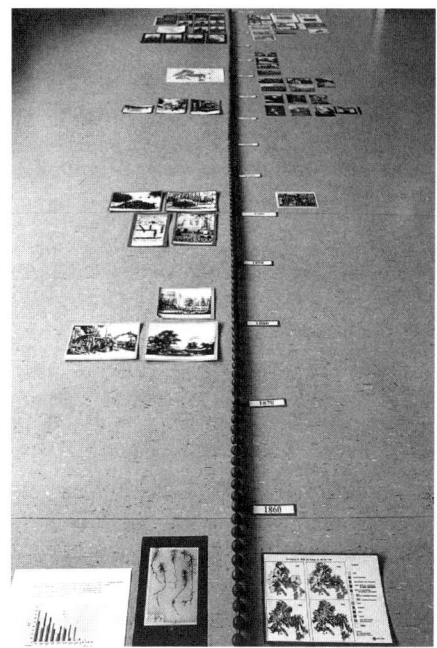

Die Jahrhundertkette zur eigenen Biographie und zur Waldgeschichte (s. auch Ausschnitt S.80)

Material

● Die Holzperlenkette besteht für 100 Jahre aus 100 Kugeln mit einem Durchmesser von 3 cm. Die Kugeln für jedes 10. Jahr haben zur Unterscheidung eine andere Farbe (z.B. blau) und können auch etwas dicker sein. Die Kugeln sind auf einer Schnur aufgefädelt; zwischen den Kugeln können Knoten gemacht werden, damit die Schnur sich nicht dehnt. Da sich bei unserer praktischen Arbeit mit dieser Kette herausstellte, dass einzelne Kinder sogar noch Material und interessante historische Daten der Ur-Urgroßelterngeneration und beim Aspekt Technik die ersten Autos einbeziehen wollten, haben wir die 100-Jahreskette auf 150 Jahre verlängert. Anmerkung zur Farbe der Kugeln: Bei der Lebenskette haben wir im Unterschied zu den Monaten jedes Jahr durch eine rote Holzkugel herausgehoben. Bei der 150-Jahreskette wurden deshalb die Jahreskugeln auch in roter Farbe, die 10-Jahreskugeln in blauer Farbe und die beiden

Jahrhundertkugeln für 1900 und 2000 in schwarzer Farbe verwendet. Wir haben die farbigen Holzkugeln im Göttinger Raben-Laden (Anschrift Seite 47) fertig gekauft. Natürlich können die Jahreskugeln auch farblos sein. Neben der Kette werden folgende Materialien benötigt:

- eine Pfeilkarte mit der Jahreszahl *2002*
- zwei weiße Pfeilkarten mit den Jahreszahlen *1900* und *2000*
- blaue Pfeilkarten für die 10-er-Jahreskugeln *2010, 1990, 1980, 1970* bis *1860*
- zwei rote, durch einen Steg verbundene Doppelpfeilkarten für die beiden Weltkriege mit den Jahreszahlen *1914 – 1918, 1939 – 1945*
- gelbe Pfeilkarten mit persönlichen Daten und Texten zur eigenen oder einer erdachten Familie, z.b. *1934 Opa Klaus geboren*
- hellrote Pfeilkarten mit Daten und Texten zu bestimmten Ereignissen, z.b. *1900 Der erste Zeppelin fliegt*. Wenn die Kinder die Daten kennen, können die Ereigniskarten auch ohne Datum sein, das Datum kann dann zur Kontrolle auf der Rückseite stehen
- „Erinnerungskiste": Foto-, Bild- und Textkarten; alte Postkarten; Urkunden; alte Landkarten, Mitgliedsbücher; Lebensmittelkarten; Geldscheine aus der DM-Zeit, RM-Zeit, Inflationszeit; Geldmünzen mit Jahreszahlen; Briefmarken; alte Gegenstände usw.

Bei den Pfeilkarten ist die *Pfeilrichtung* zu beachten. Die Pfeilkarten, die zur Familiengeschichte gehören, werden von der „Gegenwart" aus rechts von der Kette angelegt, so dass die Pfeilspitze nach links zeigen muss. Bei den Pfeilkarten zu allgemeinen Ereignissen aus den Bereichen der Politik, Technik, Erfindungen oder Katastrophen zeigt die Pfeilspitze nach rechts, weil die Karten links von der Kette parallel zur Familiengeschichte liegen sollten.

Zu den Pfeilkarten gehören in der Regel *Bild- und Textkarten* zur Erläuterung. Die Textkarten können so differenziert gestaltet sein, dass sie der entsprechenden Lesefähigkeit und dem Inhaltsverständnis der Kinder entsprechen. Die Karten geben vielfältige Anlässe zum *erläuternden Gespräch und zum Erzählen* durch die Lehrerinnen und Lehrer.

In den folgenden Themengruppen können Listen mit chronologisch angeordneten Jahreszahlen, Ereignissen und Inhalten als Anregung für die Erarbeitung der Kinder erstellt werden. Zu ihnen können für die Herstellung von Bild- und Textkarten in Zeitschriften und Büchern Fotos, Bilder und Texte gesucht werden. Die Themen der Ereignisse und Inhalte geben auch Anstöße, einzelne Beispiele herauszugreifen und vertieft zu erarbeiten (s. S.81 ff.).

Themengruppe: Familiengeschichte

Pfeilkarten mit persönlichen Daten und Texten sowie Fotos zur eigenen Familie

Für die Herstellung dieser Pfeilkarten können die Daten der obigen Fragebögen (S. 74) verwendet werden. Sonst müssen die Geburtstagszahlen erfragt werden. Jedes Kind kann seine Daten der Beschriftung auf den vorgegebenen Pfeilkarten selbst hinzufügen. Das Datum kann die gesamten Angaben (z.B. 22. April 1993) oder nur das Jahr enthalten.

Pfeilkarten, Fotos, Textkarten, Gegenstände und Dokumente zum Thema: Das Leben der Menschen damals

Bei diesem Themenschwerpunkt geht es um eine *inhaltsbezogene Befragung* der Großeltern und – wenn möglich – der Urgroßeltern zu ihrem Leben sowie um die Sammlung privater Gegenstände und Dokumente aus dem 20. Jh. Die Befragung kann auch durch andere Beiträge aus Büchern und Museen ergänzt werden.

Wie wohnten die Großeltern und Urgroßeltern früher?
Wie war die Wasserversorgung und die Entsorgung?
Seit wann gab es elektrisches Licht?
Wie wurde die Wäsche gewaschen?
Wie sah die Kleidung damals aus?
Wie lebten damals die Kinder in Deutschland?
Wie kamen die Menschen zur Arbeit?
Wie war es in der Schule?
Wie haben die Kinder gespielt?
Wie ging es den Kindern im Krieg?
Wie war das Leben ohne Radio und Fernsehen?

Aus der Frage: „Wie war die Wasserversorgung damals bei euch?" ergeben sich folgende Materialien:

Pfeilkarte: ◁ 1953 bekam unser Dorf eine Trinkwasserleitung

Textkarte: z. B. Erinnerungen von Zeitzeugen.
Bildkarten: z. B. alte Fotos vom Wasserholen am Brunnen

Ähnlich können die Pfeil-, Text- und Bildkarten zu weiteren Themengruppen angelegt sein:

- **Themengruppe: Politische Ereignisse und Entwicklungen**
- **Themengruppe: Verkehr und Raumfahrt**
- **Themengruppe: Erfindungen und Entdeckungen**
- **Themengruppe: Katastrophen und Unglücksfälle**

Ablauf

Bevor die Kinder mit der Holzperlenkette und den dazugehörenden Materialien z.B. in der Freien Arbeit selbstständig umgehen, wird eine *einführende Darbietung* gegeben. Zuerst wird die Jahrhundertkette linear ausgelegt. Die dazugehörenden Materialien werden am Ende der Kette, d.h. in der „Gegenwart", übersichtlich ausgebreitet, damit sie griffbereit und nicht ungeordnet sind. Die Bedeutung der Farben wird bei den Holzkugeln erklärt. Um die zeitliche Strukturierung der Kette zu markieren, werden zuerst die Heute-Jahrespfeilkarte 2002, dann die Jahrhundertpfeile 2000 und 1900 und danach die Zehnjahrespfeile 1990, 1980 usw. angelegt. Beim Anlegen von Pfeilen und Karten wird die Kette grundsätzlich von der „Gegenwart" aus in die „Vergangenheit" abgeschritten, um die Länge der zurückliegenden Zeit auch affektiv-körperlich zu erfahren.

Bei der weiteren Darbietung kann die Lehrerin bzw. der Lehrer zunächst die Pfeilkarten der eigenen Familiengeschichte auf der rechten Seite der Kette anlegen und dazu erzählen. Je nach Unterrichtssituation können dann ein Kind oder zwei Kinder zusammen die persönlichen Karten ihrer Familie den Jahren der Kette zuordnen, aber auch alle Kinder der Klasse können ihre Ich-, Eltern- und Omakarten an die betreffenden Jahreskugeln anlegen. Im zweiten Fall wird die Konstellation der Generationen auf einen Blick sichtbar und es entsteht, wenn die Daten nicht zu extrem auseinander liegen, die Erkenntnis von der Generationenfolge in bestimmten Jahresabständen. Um die Familiendaten mit Leben zu erfüllen, werden auf der rechten Seite von einem Kind oder von zwei Kindern entsprechende Fotos, Bil-

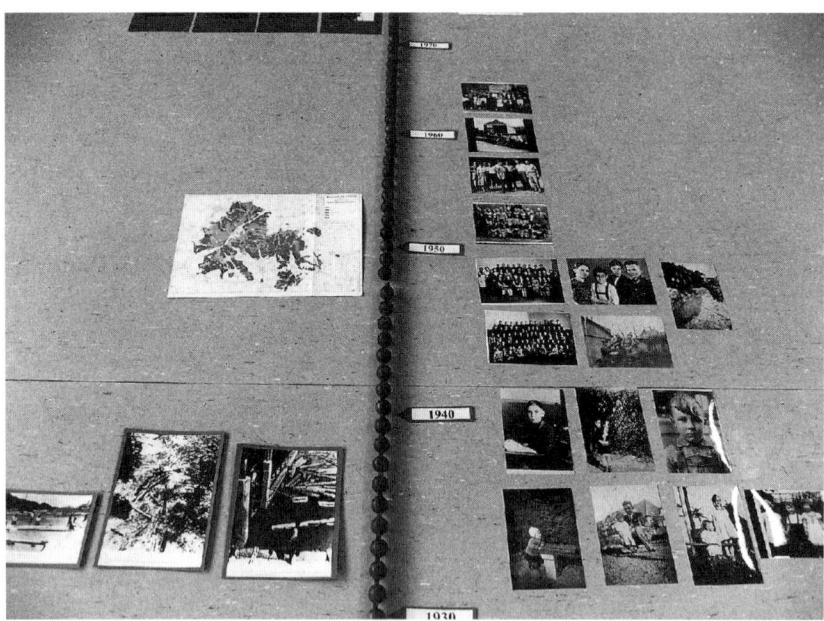

Ausschnitt von der Jahrhundertkette

der, Texte, Dokumente und Gegenstände aus der eigenen Familiengeschichte hinzugefügt und dazu erzählt.

Parallel zu den persönlichen Angaben auf der rechten Seite können auf
der linken Seite der Kette Pfeilkarten, Textkarten, Fotos usw. aus den verschiedenen Themengruppen ausgewählt und angelegt werden. Das Anlegen kann sich aber auch nur auf eine Themengruppe beziehen, z.B. auf das
Verkehrsmittel der Eisenbahn von der Dampflokomotive bis zum ICE heute. Dazu kann dann beispielsweise erörtert werden, ob mit der zunehmenden Geschwindigkeit nur Fortschritte verbunden sind. Die Notwendigkeit
zum Gespräch, zum Erzählen und zum Erörtern des historischen Geschehens, die sich hier andeutet, zeigt, dass es bei der Arbeit mit der Hundert-
oder Hundertfünfzigjahreskette nicht nur auf das Auslegen und Anlegen ankommt, sondern wie bei der Lebenskette geht es um die Erarbeitung bio-
graphischer und historischer Themen und Inhalte. Von besonderer Bedeutung ist dann beispielsweise die Einladung von Zeitzeugen, die ihre Bilder
an die Kette anlegen und dazu erzählen, was sie selbst erlebt haben. Indem
die Kette den Kindern hilft, sich die Abfolge der vergangenen Zeit der letzten 100 bis 150 Jahre strukturiert vorstellbar zu machen, erfüllen die Bilder, Texte, Gegenstände sowie das Erzählen und das Gespräch die historische Zeit mit Leben.

Wäschewaschen früher und heute

Heute gehört die vollautomatische Waschmaschine zur selbstverständ-
lichen Ausstattung der meisten Haushalte in Deutschland. Fast alle Kinder
erleben die Wäschepflege als eine notwendige Arbeit im Haushalt, die ohne
Mühe erledigt wird. Wie anstrengend das Wäschewaschen in Handarbeit
früher war, können die Kinder heute nur nachvollziehen, wenn sie die einzelnen Arbeitsschritte mit den alten Geräten im handelnden Umgang selbst
erfahren. So können sie Achtung vor der Leistung früherer Generationen
entwickeln und verstehen, warum Großmütter ihre Enkelkinder darum bit-
ten, sich beim Spielen nicht so schmutzig zu machen. Obwohl die Zeit, in der
Wäschewaschen schwere Handarbeit war, gar nicht so weit zurückliegt,
noch Zeitzeugen befragt werden können und originale Hilfsgeräte zum Waschen in Waschküchen älterer Haushalte oder auf Flohmärkten vorhanden
sind, würde das Wissen verloren gehen, wenn es nicht zum Gegenstand des
historischen Lernens gemacht würde.

Sachinformationen für einen Erzähltext

Über lange Zeit hinweg hat sich die Handarbeit bei der „Großen Wäsche" wenig verändert. Bis in die 1950er-Jahre waren Waschbrett mit Wurzelbürste, Waschkessel, Waschwannen aus Zink oder Holz, Wäschezange, Wäschestampfer die wichtigsten Hilfsmittel. Um 1900 kamen erste Hilfsmaschinen mit handgetriebenen Rührflügeln und Wringaufsätzen auf, die das Schrubben auf dem Waschbrett und Wringen mit den Händen ersetzten. Später gab es auch durch einen Elektro- oder Wassermotor angetriebene Waschmaschinen. Die Hilfsmaschinen waren aber in den privaten Haushalten aus Kosten- und Platzgründen wenig verbreitet. Erst seit den 1960er-Jahren konnte sich die neu entwickelte vollautomatische Waschmaschine in allen Bevölkerungsschichten durchsetzen. Die vollautomatische Waschmaschine vereinigt die einzelnen Waschvorgänge der früheren Handarbeit vom Einweichen, Stampfen, Kochen, Seifen, Bearbeiten, Spülen bis zum Wringen. Die „Große Wäsche" begann früher mit dem Sortieren der Wäschestücke in Koch-, Bunt- und Feinwäsche. Die weiße Kochwäsche wurde über Nacht in einer mit Seifenlauge gefüllten Wanne eingeweicht. Dadurch sollte der Schmutz gelöst werden. Der eigentliche Waschtag fing in der Morgenfrühe an. In einem Waschkessel wurde frische Seifenlauge aus Wasser und Seife oder Waschpulver hergestellt und auf dem Herd zum Kochen gebracht. Zu manchen Häusern gehörte auch eine Waschküche im Keller, in der ein großer Waschkessel mit Ofen stand. Die inzwischen eingeweichte Wäsche musste dann Stück für Stück aus der Wanne genommen, etwas ausgewrungen und in den Waschkessel eingelassen werden, in dem die Waschlauge inzwischen kochte. Mindestens etwa fünfzehn Minuten musste die Wäsche darin kochen. Anschließend konnte die heiße Wäsche vorsichtig mit einer Wäschezange aus dem Waschkessel herausgenommen und in eine Waschwanne mit kaltem Wasser gelegt werden. War der Waschkessel leer, wurde neue Seifenlauge hergestellt und die nächste Portion Wäsche eingefüllt und zum Kochen gebracht. Während sich diese Wäsche langsam erhitzte, konnte die erste Portion Wäschestück für Wäschestück auf dem Waschbrett sauber gerubbelt werden. Stark verschmutzte Wäsche wurde mit einer Wurzelbürste bearbeitet. Dazu legte man die Wäsche auf ein Waschbrett und bürstete sie kräftig. Das Rubbeln und Bürsten der Wäsche war für die Frauen sehr anstrengend; Arme, Hände und Rücken wurden sehr beansprucht. Im Jahr 1907 kam das Waschmittel Persil auf den Markt, das im Unterschied zur Kernseife den Reinigungs- und Bleichvorgang (weiß machen) wesentlich erleichterte. Ab etwa 1920 wurde in manchen Haushalten anstelle von Waschbrett und Waschbürste ein Wäschestampfer eingesetzt, durch den die Hände geschont werden konnten, da sie kaum noch mit Waschlauge in Berührung kamen. Nach dem Bearbeiten der Wäsche mit Wäschestampfer oder Waschbrett und Waschbürste mussten die Wäschestücke ausgewrungen, zwei- bis dreimal in frischem Wasser ausgespült und erneut ausgewrungen werden. Das Auswringen mit der Hand war eine besonders anstrengende Arbeit, die große Kraft erforderte. Große Wäschestücke mussten meist von zwei Frauen mit entgegengesetzter Handdrehung ausgepresst werden. Im Handel gab es ab etwa 1900 handgetriebene Wringmaschinen, die eine Erleichterung für die Haushalte bedeutete, die sich eine solche Hilfsmaschine leisten konnten. Mit einer Kurbel wurden zwei gegeneinander laufende Gummiwalzen gedreht, zwischen die die knopflose Wäsche hindurchgeführt und dabei das Wasser ausgewrungen wurde.

Nach dem Waschen, Spülen und Wringen wurde die frische Wäsche in einem Wäschekorb auf den Trockenboden oder bei gutem Wetter in den Garten gebracht, um sie zum Trocknen aufzuhängen. Oftmals wurde die Wäsche auch auf eine Wiese oder Hecke zum Bleichen gelegt. Die „Große Wäsche" endete meist am nächsten Tag mit dem Abnehmen der trockenen Wäsche. Doch bevor die Wäsche in den Schrank gelegt werden konnte, musste sie gemangelt, gebügelt, gefaltet und zusammengelegt werden. Mit einem Bügeleisen wurden vor allem Hemden, Taschentücher, Blusen, Kinderkleider, Schürzen und andere Kleidung geglättet. Es gab verschiedene Bügeleisen, die z.B. mit glühender Kohle gefüllt oder auf dem Ofen erhitzt wurden. Ab etwa 1920 kamen elektrische Bügeleisen auf, die das Bügeln ohne Unterbrechung ermöglichten. Große Wäschestücke wie Handtücher, Tischdecken und Bettwäsche wurden meist in Heißmangelläden (ab etwa 1920) gebracht. Dazu wurden die Wäschestücke zuvor mit Wasser eingesprengt, straff gezogen und zusammengelegt.

Während früher die „Große Wäsche" etwa alle vier Wochen stattfand und in der Regel zwei bis drei Tage dauerte, wird die anfallende Wäsche heute bei Bedarf fast beiläufig erledigt. Mehr als 90% der Haushalte besitzen gegenwärtig eine Waschmaschine. Eine vierköpfige Familie z.B. füllt jede Woche durchschnittlich viermal die Waschmaschine und reinigt damit fünfmal mehr Wäsche als noch zur Jahrhundertwende um 1900. Doch je häufiger die Wäsche gewechselt und je sauberer sie gewaschen wird, desto mehr Gewässer, Pflanzen und Tiere werden durch Phosphate, Tenside und Bleichmittel belastet und desto mehr Energie und Wasser werden eingesetzt. In Deutschland werden pro Person etwa 10 kg Waschmittel im Jahr verbraucht. Viele Waschmaschinen- und Waschmittelhersteller reagieren heute auf das wachsende Umweltbewusstsein durch Angebote von phosphatfreien Waschmitteln und energie- und wassersparenden Waschmaschinen. Es gibt jedoch kein Waschmittel, das die Umwelt nicht belastet. Deshalb muss jeder Einzelne dazu beitragen, dass die Kleidung nicht so schnell verschmutzt, die Waschmaschine mit schmutziger Wäsche ganz gefüllt ist und das Waschpulver für die Waschmaschine auf das Mindestmaß dosiert wird.

Wäschewaschen als Vernetzungsbeispiel

„Wäschewaschen früher und heute" steht nicht nur exemplarisch im größeren Zusammenhang des Themas „Haushalt früher und heute", sondern ist auch ein *Vernetzungsbeispiel* (exemplarisch für ein 3. Schuljahr): Inhalte können von der historischen Perspektive aus mit anderen lebensweltlich und fachlich orientierten Perspektiven verknüpft werden. Folgende Perspektiven sind von Bedeutung:

● Historische Perspektive: Die Entwicklung von Waschgeräten, -verfahren und -mitteln bei der Wäschepflege in den vergangenen etwa hundert Jahren kennen lernen, Vorgänge des Handwaschens handlungsintensiv erfahren und mit der heutigen Situation vergleichen.

● Technische Perspektive: Die automatisch arbeitende Waschmaschine, exemplarisch für andere programmierte Geräte im Haushalt (Spülmaschinen, elektrische Dampfbügeleisen u.a.), mit ihrer technischen Arbeitsweise kennen lernen, diese mit den Vorgängen beim Handwaschen vergleichen und Folgen des technischen Fortschritts für die Um- und Mitwelt bedenken.

● Biologische, chemische und ökologische Perspektive: Umweltbelastungen durch Waschmittel und Wäscheautomaten kennen und Möglichkeiten umweltbewussten Verhaltens praktizieren lernen.

● Soziologische Perspektive: Die Rolle der Frau bei der Wäschepflege früher wie heute erkennen und zur Veränderung durch eine flexible Rollenverteilung zwischen Frau, Mann und Kindern im Haushalt beitragen.

● Ökonomische Perspektive: Waschmittel- und Waschmaschinen-Werbung als Mittel der Beeinflussung zum Kauf und unter ästhetischen Gesichtspunkten betrachten sowie das Problem des Verhältnisses von Arbeit und Entlohnung im Haushalt sehen lernen.

● Literarische Perspektive: Literarische Texte (z.B. Gedichte), Oral-History-Texte, Lieder, Texte aus der Werbung, Gebrauchsanweisungen u.a. zum Thema kennen lernen.

Ablauf

(1) Die *Befragung von Großeltern zum Wäschewaschen früher* brachte für die Kinder nicht nur informative Beschreibungen, sondern auch als Leihgabe für den handlungsintensiven Unterricht einige große und kleine Zinkwannen, einen Kochkessel für den Herd, zwei Wäschezangen, einige Waschbretter, drei Waschbürsten, zwei Wäschestampfer, einen Wringer, Wäscheleinen, Wäscheklammern, ein Kohlenbügeleisen, mehrere Flacheisen, ältere elektrische Bügeleisen und andere ältere Haushaltsgeräte für die Ausstellung. Dieses Engagement der Eltern und Großeltern war auf eine in-

tensive Information über den beabsichtigten Unterricht auf einem Elternabend und per Brief zurückzuführen.

Zu den im Sitzkreis liegenden Gegenständen (Dokumenten) wurden die *Namen der Hilfsmittel von früher* an die Wandtafel geschrieben und ihnen die Gegenstände des Wäschewaschens von heute gegenübergestellt. Dabei wurden auch die Orte des Wäschewaschens mit einbezogen.

(2) Zu den vorhandenen Hilfsmitteln zur „Großen Wäsche" berichtete die *Urgroßmutter eines Kindes als Zeitzeugin*, wie sie früher hiermit die Wäsche gewaschen hat. Fehlt eine Zeitzeugin, können die *Sachinformationen als Erzähltext* genutzt werden. Aus dem Vortrag werden die wichtigsten *Arbeitsschritte bei der Großen Wäsche* herausgearbeitet und auf einem Plakat und/oder Arbeitsblatt mit Abbildungen festgehalten.

Nach der Bewusstmachung der Arbeitsschritte bei der „Großen Wäsche" früher bekommen die Kinder die Aufgabe, mit ihrer Mutter oder ihrem Vater zu Hause Wäsche in der Waschmaschine zu waschen. Dabei sollen sie den Waschvorgang für Kochwäsche beobachten und aufschreiben, was

Wäschewaschen mit drei Wannen

während des Waschvorgangs zu hören ist, wie die wichtigen Teile heißen und wie viel Zeit ein Waschvorgang benötigt.

(3) In der dritten Phase der Erarbeitung haben die Kinder Gelegenheit, im aktiven Umgang mit den Hilfsgeräten von früher den *Arbeitsprozess des Wäschewaschens am eigentlichen Waschtag* wirklichkeitsgetreu nachzuempfinden.
Zu diesem Zweck wurden die Stühle aus dem Klassenraum entfernt, da die praktische Arbeit sowieso nur im Stehen ausgeübt wird. Auf jedem Gruppentisch (bestehend aus drei Schülertischen) stehen drei Zinkwannen, und zwar eine Wanne mit einer Seifenlauge, sechs strapazierfähigen Wäschestücken und zwei Waschbrettern und zwei Zinkwannen mit klarem Wasser. Zum Wäschetrocknen wurde im Gruppenraum eine Wäscheleine gespannt. Jede Tischgruppe regelte die Arbeitsverteilung beim Waschen, Spülen, Auswringen und Aufhängen eigenverantwortlich. Die Kinder waren motiviert und engagiert bei der Sache. Sie wünschten, dass alles bis zum nächsten Tag so stehen bleibe, damit sie die Waschvorgänge noch einmal ausprobieren und der Parallelklasse vorführen könnten.

(4) Wäschewaschen heute: Die Kinder erzählen von ihren Beobachtungen an der Waschmaschine. Aus dem Gespräch darüber ergeben sich folgende Arbeitsschritte, von denen einige mit denen von früher vergleichbar sind: 1) Wäsche sortieren; 2) Wäsche in die Waschmaschine stecken; 3) Waschmittel einfüllen; 4) Waschprogramm auswählen und Starttaste drücken; 5) Wäsche herausnehmen und zum Trocknen aufhängen oder in den Trockner einfüllen; 6) Wäsche bügeln und falten. BIESTER (1997, S. 18) berichtet, was die Kinder auf seine Frage, was an der Waschmaschine eigentlich „automatisch" ist, gesagt haben: „Dass die alles selber macht: Nur Ein- und Ausschalten und Waschpulver reintun nicht. – Automatisch, weil die einen Schalter hat, und der macht das Programm, z.B. für ‚Kochwäsche'. – Und der dreht sich beim Waschen mit, und dann kann man immer sehen, wo das Programm gerade ist, z.B. bei ‚Vorwäsche' oder ‚Spülen'. – Und alles auch in der richtigen Zeit, der ist auch sowas wie eine Uhr." BIESTER zeigt, wie mit den Kindern des 4. Schuljahres ein funktionsfähiger Programmschalter des Waschautomaten im Modell entwickelt werden kann.
     Aus dem Vergleich „Wäsche waschen früher und heute" wird die Erkenntnis gewonnen, das die Technik des Waschautomaten die Arbeit im Haushalt wesentlich verändert hat: Die Maschine löst die schwere körperliche Arbeit ab, ersetzt die vielen Hilfsgeräte und spart Raum und Zeit ein. Wie würde sich unser heutiges Leben verändern, wenn es keine Waschau-

tomaten, Leitungswasser und Strom im Haushalt mehr gäbe? Und wie wird das Wäschewaschen in der Zukunft aussehen?

(5) Den Abschluss der Unterrichtseinheit bildete eine *Ausstellung der ausgeliehenen Haushaltsgeräte zur Großen Wäsche von früher und heute*. Dazu wurde eine *Zeitleiste* mit Fotos und Abbildungen aus den angegebenen Büchern, kurzen erklärenden Texten und Beispielen aus der Werbung erstellt. Aufgenommen wurden auch Hinweise durch Abbildungen und Texte, wie die mit dem technischen Fortschritt verbundenen Umweltprobleme gemildert werden können. Hinzu kamen *Lieder* (z.B. „Zeigt her eure Füße"), *Gedichte* z.B. von Erich Kästner („Trockenplatz", „Hinweis auf die Hände einer Waschfrau"), *Zungenbrecher* wie „Wir Wiener Waschweiber" und *Werbesprüche*. Die Ausstellung diente vor allem dem Zweck, in einem zusammenfassenden Rückblick den chronologischen Zusammenhang der technischen Veränderungen im Haushalt bewusst zu machen und Wissen darüber zu festigen.

Literatur zum Thema: BIESTER 1997; HOLLSTEIN 1998; Landschaftsverband Rheinland 1988; LOBENHOFER/NONNENMACHER 1987; KÄSTNER (Werke).

Spurensuche am Wohnort und in der Umgebung

Sind die Kinder durch die Beschäftigung mit der eigenen Lebensgeschichte und der Familiengeschichte sowie durch Einzelthemen angeregt worden, nach der Vorgeschichte der Gegenwart und nach den Ursachen von Veränderungen zu fragen, ist der Einstieg in „historisches Lernen" gegeben. Aus der eigenen Lebenszeit und der älterer Mitlebender führt das Zurückfragen in die Vergangenheit der Zeit, aus der niemand mehr lebt. Der Erwerb historischen Grundwissens ist dann über authentische Erinnerungen noch Lebender hinaus auf *materialisierte Erinnerungen* angewiesen, auf Schriften, Bilder, Gegenstände, Gebäude und Anlagen. Die Rekonstruktion gesicherter Fakten und Daten führt zu *Ankerpunkten*, von denen aus historische Ereignisse mit Hilfe der Zeitleiste oder der Zeitketten in den historischen Prozess der Vergangenheit eingeordnet werden können und Geschichtsbewusstsein konstituieren.

Themen historischen Lernens können dann sein:

- Unser Wohnort früher und heute
- Eine Stadt verändert ihr Gesicht (Einwohnerzahl, Veränderungen im Ortsbild, Handwerk und Gewerbe, Handel und Industrie im 19. und 20. Jh.; Versorgung mit Wasser und Strom usw.)

- Markt früher und heute (z.B. in der mittelalterlichen Stadt und heute)
- Der Stadtteil hat seine Tradition (Kontinuität und Veränderung; Migration, Kindheit im Wandel u.a.)
- Spurensuche (Burg, Schloss, Dom/Kirche, Kloster u.Ä.)

Die thematischen Schwerpunkte und die Realisierung hängen natürlich von den Gegebenheiten des Ortes ab. Es ist sicherlich ein Unterschied, ob die Schule in einer Gesamtgemeinde mit umliegenden Dörfern, in einer Großstadt aus der Zeit der Industrialisierung oder in einer Stadt mit mittelalterlichem Stadtkern liegt. Der Unterricht muss in jedem Falle an die räumlichen Erfahrungen der Kinder anknüpfen und ihnen helfen, ihre vertraute Lebenswirklichkeit unter dem Aspekt der Veränderung in der Zeit zu beobachten und deren Ursachen nachzugehen.

Handlungsintensive Erkundungen

Ein *motivierender Einstieg*, bei dem sich die Kinder an der Zielsetzung, Planung, Vorbereitung und Durchführung wie beim *Lernen in Projekten* beteiligen können, ist nicht leicht zu finden. Manchmal muss man auf einen natürlichen *Anlass für ein Projekt* warten, der sich z.B. aus einem archäologischen Fund auf einer Baustelle, einer historischen Ausstellung im Museum oder aus Berichten einzelner Kinder über einen Ausflug mit ihren Eltern zu einer „alten" Stadt ergeben kann. Anlass kann auch sein, für Schulklassen und Familien mit Kindern, die den Schulort zum ersten Mal besuchen, ein *Heft zur „Spurensuche in …"* mit Hinweisen für einen historischen Stadtrundgang, Bildern und Geschichten, wie es damals war, herzustellen. Weitere Beispiele sind eine *Chronik vom Wohnort für Kinder* (kleines Buch) zu gestalten, eine *Kartei für den Austausch mit Korrespondenzklassen* in anderen Landesteilen zu erstellen oder eine *Ausstellung* zu erarbeiten.

Vorkenntnisse und Interessen

Eine Farbfolie von einem Stadtplanausschnitt mit Bildelementen (Kirchen, wichtigen Gebäuden, evtl. Wall, Straßennamen u.a.), einer Bildkarte oder einer Luftbildaufnahme, aber auch Prospekte vom Wohnort können helfen, im Gespräch darüber die Vorkenntnisse der Kinder über den Ort und ihre Interessen kennen zu lernen. Auf Papierbahnen können die *Vorkenntnisse*, die *Ideensammlung (Brainstorming) für Fragestellungen* und *die Informationsquellen zur Materialbeschaffung* festgehalten und im weiteren Verlauf ergänzt werden.

Aufgaben für Erkundungen, Informationssuche und Befragungen

- **Einwohner:** Wie viele Einwohner hat der Ort heute? Viele Orte sind nach dem Zweiten Weltkrieg gewachsen. Besorgt euch für euren Wohnort Zahlenangaben über die Entwicklung der Einwohnerzahl nach dem Zweiten Weltkrieg (z.B. in Büchern, Prospekten im Rathaus, durch Nachfragen bei der Gemeindeverwaltung). Stellt ein Diagramm her (vertikal/senkrecht: Einwohner, horizontal/waagerecht: Jahreszahlen). Welche Gründe gab es für die Entwicklung eures Wohnortes? Manche Großstädte haben sich schon in den letzten 150 Jahren durch die Industrialisierung von einer Kleinstadt zu einer Großstadt entwickelt.

- **Pläne und Gesamtansichten des Ortes:** Gibt es von eurem Wohnort (Dorf, Stadtteil, Stadt) Pläne und Gesamtansichten von früher und heute? Fragt im Katasteramt der Gemeindeverwaltung nach Plänen, in denen die Grundrisse der Häuser und Grundstücke sowie die Straßen, Wege, Felder und Gärten genau zu erkennen sind. Auf alten Postkarten, Zeichnungen und auf Luftbildern sind häufig Gesamtansichten zu sehen. Von manchen Orten gibt es einen Merian-Stich. Vergleicht die Pläne und Ansichten (Bilder, Fotos) miteinander. Schreibt in Stichworten auf, was sich auf den Plänen und Ansichten z.B. zwischen 1945 und heute verändert hat.

- **Ortsgründung:** Wann ist euer Ort (Dorf, Stadtteil, Stadt) entstanden? Gibt es Sagen oder Legenden über die Entstehung? Warum ist der Ort an dieser Stelle entstanden? Gründe für eine Ortsentstehung können z.B. sein: Furt, Brücke, Markt, Kreuzung von Handelswegen, Schutz einer Burg, Schloss, Kloster, Regierungssitz, Bodenschätze.
  Namen: Wie ist der Ort zu seinem Namen gekommen? Ist der Wohnort aus anderen Orten oder einer Stadt zusammengewachsen? Seit wann gehören die Orte zur Stadt oder zur Gesamtgemeinde?
  Stadtwappen: Hat euer Ort ein Wappen? Beschreibt sein Aussehen, seine Bedeutung und die Gründe für seine Entstehung.

- **Namen von Straßen und Plätzen:** Welche Namen von Straßen und Plätzen erinnern an früher? Wann sind sie entstanden? Welche Bedeutung haben sie? Zu den Namen mancher Straßen auf den Plänen können schon Vermutungen über ihre Bedeutung angestellt werden, z.B. zur Torstraße oder Mauerstraße. Namen von Straßen und Plätzen erinnern oft an Ereignisse der Geschichte, berühmte Persönlichkeiten, an andere Orte, Berufe u.a. Schreibt eine Auswahl von Straßennamen mit ihrer Bedeutung auf.
  Welche **Hauptstraßen** gibt es in eurem Ort? Wie haben sie sich verändert? Die Hauptstraße eines Ortes und ihre historischen Wandlungen

z.B. vom Reiseweg zur Fußgängerzone kann ein zentrales Thema sein. Sucht nach alten Fotos, Postkarten oder Zeichnungen von Straßen und Plätzen. Vergleicht mit heute: Fotografiert oder zeichnet dieselben Stellen. Welche Gründe gibt es für die Veränderungen?

● **Kirchen:** Welche Kirchen gibt es in eurem Ort? Wann wurden sie erbaut? Welcher Baustil ist an ihnen zu erkennen? Gibt es in ihnen besondere Kunstwerke? Schaut euch im Wohnort eine alte Kirche an. Zeichnet die Kirche von außen: Turm, Langhaus, Dach, Chor, Fenster und die Form der Bögen. Schätzt das Alter: Rundbogen, romanische Bauweise etwa in den Jahren 950 bis 1200; Spitzbogen, gotische Bauweise etwa in den Jahren 1200 bis 1500. Betrachtet den Innenraum. Wie sind die Fenster und die Kirchendecke gestaltet? Gibt es Malereien an der Wand oder an der Decke, Steinfiguren, schönes Schnitzwerk oder andere Ausschmückungen?

● **Alte Häuser und Gebäude (z.B. Rathaus, Theater):** Wann wurden sie gebaut? In welchem Baustil wurden sie errichtet? Welchem Zweck dienten sie? Wem gehörten sie? Wozu dienen sie heute?

Fast in jedem älteren Ort oder in jeder älteren Innenstadt gibt es wichtige Gebäude mit einer besonderen Architektur und Geschichte. In Chroniken zur Ortsgeschichte werden solche Gebäude meist erwähnt und durch Fotos dokumentiert. Geht mit den Farbkopien dieser Fotos zu den Häusern und Gebäuden und vergleicht sie mit heute. Macht ein Foto vom heutigen Zustand und stellt, wenn erkennbar, Veränderungen fest. Erkundigt euch, welche Funktion oder Nutzung diese Häuser in der Vergangenheit hatten und heute haben.

Sind in der letzten Zeit alte Häuser abgerissen worden? Versucht herauszubekommen, warum. Ist etwas Neues an ihre Stelle getreten? Wenn ja: Was? Versucht Fotos von dem Haus vor dem Abriss zu bekommen. Macht ein Foto vom heutigen Aussehen der Stelle.

Neubausiedlungen: Vergleicht alte und neue Pläne miteinander. Gibt es neue Wohnhäuser oder Neubausiedlungen im Ort? Vergleicht die Lage des Altdorfs bzw. der Altstadt mit dem Neubaugebiet. Wenn es früher Bauernhöfe gab, was ist aus ihnen geworden?

Vergleich Altdorf bzw. Innenstadt und Neubauviertel: Besorgt Luftaufnahmen vom Altdorf bzw. der Innenstadt und vom Neubauviertel. Schaut euch die Fotos an. Wie sind die Häuser jeweils angeordnet? Vergleicht den Platz zwischen den Häusern und die Breite der Straßen.

● **Denkmäler:** Gibt es in eurem Ort Denkmäler? Wann wurden sie errichtet? Von wem wurden sie gestaltet? Woran sollen sie erinnern? Was steht auf ihnen geschrieben? Schreibt die Texte auf und informiert euch.

- **Schule:** Welche Schulformen gibt es in eurem Ort? Müsst ihr nach der Grundschule in einen anderen Ort fahren? Welche Schulen gibt es dort? War eure Schule schon immer in dem Gebäude? Wann ist sie gebaut worden? An der Entwicklung von Schulgebäuden im Wohnort lässt sich häufig die Bevölkerungs- und die Schulentwicklung ablesen.

- **Berufe/Versorgung:** Wovon lebten die Familien hauptsächlich in eurem Ort (Landwirtschaft, Handwerk, Industriebetrieb, Fremdenverkehr u.a.)? Welche Berufe gab es in eurem Ort? Mussten die Kinder mithelfen? Bei ihren Recherchen stoßen die Kinder auf verschiedene Berufe, die meist zum Bereich des Handwerks gehören. Stellt fest, welche Berufe die Eltern in eurer Klasse heute haben. Besorgt euch zum Vergleich aus Veröffentlichungen oder aus der Gemeindeverwaltung Aufstellungen zu Berufen der früheren Bevölkerung des Ortes.

- **Markt:** Gab und gibt es in eurem Ort einen Markt oder mehrere Märkte? Welche Namen erinnern noch an verschiedene Märkte (z.B. Kornmarkt, Pferdemarkt, Gänsemarkt, Alter Markt)? Gab es eine Marktordnung?

- **Versorgung und Entsorgung:** Wie war die Wasserversorgung früher geregelt? Woher kam das Trinkwasser? Gab es Brunnen? Wie kam das Trinkwasser in den Haushalt oder in den Stall für das Vieh? Seit wann gibt es Trinkwasserleitungen im Ort? Woher kommt das Wasser heute? Seit wann gibt es Abwasserleitungen und eine Kläranlage? Seit wann gibt es elektrischen Strom im Ort? Welche Vorteile brachten diese Veränderungen für den Wohnort? Lasst euch von älteren Leuten erzählen oder sucht nach alten Berichten, wie es früher war.

- **Verkehrsmittel:** Welche Verkehrsmittel gab es (z.B. Kutsche, Fuhrwerk, Autos, Fahrräder, zu Fuß)? Seit wann gibt es geteerte Straßen? Führte eine Eisenbahnlinie durch euren Ort und gab es einen Bahnhof? Ging eine Hauptverkehrsstraße durch euren Ort? Wie weit ist die Autobahn oder der nächste Bahnhof heute von eurem Ort entfernt? Gibt es Busverbindungen? Haben alle Familien ein eigenes Auto? Seit wann hat eure Familie ein eigenes Auto, ein Motorrad, einen Motorroller oder ein Mofa? Vergleicht die oben erwähnten Pläne und neuere Karten miteinander (Eisenbahn, Hauptverkehrsstraßen, Autobahn, Kanal, Fluss, Flugplatz). Was ist neu hinzugekommen? Was ist inzwischen verschwunden?

- **Feste und Bräuche:** Welche besonderen Feste werden jährlich in eurem Ort gefeiert? Wann sind sie entstanden? Welches Brauchtum wird in eurem Ort gepflegt? Wann ist es entstanden und welche Bedeutung hat es?

- **Einrichtungen zur Freizeitgestaltung** (z.B. Vereine, Schwimmbäder, Parks, Spielplätze): Welche Vereine gibt es und wann sind sie entstanden? Welche Freizeit- und Erholungseinrichtungen gibt es?

● **Museum:** Welche Museen gibt es in eurem Ort (z.B. Heimatmuseum, Historisches Museum, Spielzeugmuseum)?

Der zeitliche Umfang der „Spurensuche im Wohnort" hängt von den örtlichen Gegebenheiten ab. Er sollte die Zeit nach dem Zweiten Weltkrieg nicht unterschreiten. Wohnorte aus der Zeit der Industrialisierung umfassen sicher die letzten 100 bis 150 Jahre, Orte mit einem mittelalterlichen Stadtkern werden bis in die Zeit vor 500 bis 1000 Jahren zurückreichen. Gibt es eine mittelalterliche Burg oder eine Burgruine im Ort oder in seiner näheren Umgebung, dann liegt es nahe, dass sich die Kinder mit Burgen und der Ritterzeit beschäftigen wollen.

Vom Anfang der Welt und der Geschichte des Lebens

Über die Orts- und Regionalgeschichte hinaus haben Grundschulkinder oft weitergehende Fragen nach dem Woher und Wohin dieser Welt. In Gesprächskreisen fragen sie manchmal ganz unerwartet und offen nach dem *Anfang der Welt, dem Ursprung des Lebens auf der Erde und der Entstehung der Landschaft, in der sie leben.* Als eigene Antworten bieten sie hierzu meist unkoordiniertes Wissen über die biblische Schöpfungsgeschichte, den Urknall am Beginn des Universums, über schwarze Löcher in Galaxien, das Aussterben der Dinosaurier, über Erdbeben und Vulkane, die Eiszeit, den Neandertaler, die Steinzeit u.a.m. an, zu denen ihnen möglicherweise der Fernsehkonsum oder Sachbücher auf dem Kinderbuchmarkt verholfen haben. Fragen und Interessen resultieren nach MARIA MONTESSORIS Konzeption der „Kosmischen Erziehung" (MONTESSORI 1997; FISCHER u.a. 1999; SCHAUB 1999 b, 1999 e, 2000, 2001 b; ECKERT 2001) im Alter zwischen 6 und 12 Jahren aus dem Bedürfnis des Kindes, sich mit seiner „extrovertierenden Intelligenz" verstärkt der äußeren Welt zuzuwenden und danach zu verlangen, „die Ursachen der Dinge zu erkennen" und moralische Orientierungen zur „Unterscheidung von Gut und Böse" zu erhalten (vgl. MONTESSORI 1997, S. 37-39).

Die Erdgeschichte im Grundschulalter zu thematisieren bedarf einer besonderen *Methode*, die nicht versucht, dem Kind Detailkenntnisse zu vermitteln, sondern es geht um „ganzheitliche Zusammenhänge" im Sinne „panoramaartiger Überblicke" (ebd. S. 171).

Eine wichtige *Voraussetzung für die Vermittlung ganzheitlicher, panoramaartiger Zusammenhänge* ist in diesem Alter der Kinder der „richtige

Gebrauch" der *Einbildungskraft (Imagination), Fantasie und Vorstellungs-kraft*. Im Unterschied zur bloßen Wahrnehmung eines konkreten Gegenstandes in der Lebenswirklichkeit ist die Vermittlung z.b. der Erdgeschichte darauf angewiesen, dass das Kind „sich in seinem Geist eine Vorstellung davon bilden kann". Solche Themen wie die Erdgeschichte müssen deshalb „so dargestellt werden, dass sie die Fantasie des Kindes anstoßen und seine Begeisterung wecken". (ebd. S. 47) Die Einbildungskraft ist also eine Fähigkeit dieses Alters, sich von Dingen und Vorgängen, die für die Augen nicht sichtbar sind, eine reale Vorstellung machen zu können. Das Einbildungs- und Vorstellungsvermögen hilft dem Kind, sich z.b. zu seinen Fragen nach dem Ursprung des Universums eine „geistige Welt" zu konstruieren. Darüber hinaus wird die geweckte Neugier und sein Staunen dazu führen, dass es philosophierend zu fragen beginnt: „Was bin ich? Was ist die Aufgabe des Menschen in diesem wunderbaren All? Leben wir wirklich nur für uns hier, oder gibt es mehr für uns zu tun? Warum streiten und kämpfen wir? Was ist gut und böse? Wo wird das alles enden?" (ebd. S. 42)

Die Fragen nach dem Ursprung der Welt führen zu Schöpfungsgeschichten in verschiedenen Kulturen und zum evolutionstheoretisch begründeten wissenschaftlichen Weltverständnis unserer Zeit. Während die alten Religionen eine lange Tradition haben, ist das relativ junge evolutive Weltbild das Ergebnis fortschreitender wissenschaftlicher Erkenntnisse. Obwohl die Menschen verschiedener Kulturgemeinschaften alle auf dieser Erde leben, erzählt jede eine eigene Geschichte von der Entstehung der Welt.

Für die Arbeit im 3./4. Schuljahr wurde das Gesamtthema in zwei Schwerpunkte zerlegt und zwar Geschichten von der Entstehung der Welt (Schöpfungsgeschichten) sowie Geschichte des Lebens auf der Erde (zeitliche, bildliche und textliche Darstellung der Erdzeitalter).

Geschichten von der Entstehung der Welt

Obwohl die fortschreitende Entwicklung naturwissenschaftlicher Erkenntnisse über das Universum und die Evolution auf dieser Erde für die Schöpfungsgeschichten der Religionen eine Herausforderung zur Reflexion darstellt, sollten die religiösen und die wissenschaftlichen Versuche zur Welterklärung nicht in einem Konkurrenzverhältnis gesehen werden. Vielmehr sollten Schöpfungsdeutungen (z.B. Genesis 1-2, 1-3 oder 1-11) und Evolutionserklärungen im Zusammenhang mit den Fragen nach dem Ursprung der Welt im Unterricht behandelt werden. Vor allem in multikulturell zusammengesetzten Klassen kann man auch auf weitere Religionen zurückgreifen. In unserem Unterricht haben wir folgende Auswahl getroffen:

„Geschichten vom Anfang der Welt und von der Kostbarkeit der Erde"

Dies ist der Untertitel des Buches „Die Regenbogenschlange" (BISSET/PALMER 1994), in dem Schöpfungsgeschichten aus neun verschiedenen Glaubenssystemen und didaktische Hinweise hierzu zu finden sind. Diese neun Schöpfungsgeschichten, jeweils auf einer Buchseite, können schrittweise vorgelesen werden und vermitteln dann einen Überblick über die Vielfalt der Deutungen.

„Gott, der keine Hände hat"

Dies ist die Überschrift der „Geschichte vom Universum", die MARIA und MARIO MONTESSORI als Beispiel für einen Erzähltext zur „Kosmischen Erziehung" entwickelt haben (in: FISCHER u.a. 1999, S. 147-157; ECKERT 2001, S.69-78). Hier wird versucht, die naturwissenschaftliche Sicht der Entstehung des Universums und der Erde mit der Vorstellung von der Schöpfung der Erde durch Gott in Einklang zu bringen. Bei einer Verwendung im Unterricht müssen die Länge des Textes und die eingestreuten naturwissenschaftlichen Belege (kleine Experimente wie z.B. ein Vulkanversuch) methodisch berücksichtigt werden. In einer unserer Erprobungen hat die Lehrerin den Text für ihre multikulturelle Klasse überarbeitet.

Der Urknall und der Beginn von Raum und Zeit – ein Erzähltext mit Materialdarbietung

Wir Menschen denken, dass alles einen Anfang hat, auch das Weltall. Für Weltall sagen wir auch Universum oder Kosmos. Es bestand wahrscheinlich vor etwa 13 Milliarden Jahren (= Mittelwert) aus einer vollständig ausgefüllten kleinen Ur-Kugel, in der Ur-Stoffe, die Materie, unvorstellbar dicht zusammengedrängt, ungeheuer heiß und unermesslich hell waren. Durch die große Energie in dieser Ur-Kugel kam es zu einer riesigen Explosion, dem „Urknall". Schon kurz nach der Explosion bildete die frei gewordene Materie eine riesige Gaswolke, die sich mit großer Geschwindigkeit immer weiter ausdehnte und gleichzeitig abkühlte. Das ganze Universum strahlte voller Helligkeit. Mit dem Augenblick des Urknalls waren Raum und Zeit entstanden, die es vorher nicht gab.

Im Laufe der Zeit bildeten sich aus dem Zusammenschluss von Gasen die ersten Sterne, die leuchtende Sonnen sind. Da einige Bereiche im Weltall dadurch schwerer als andere wurden, entstanden durch Anziehungskraft (Gravitation) unter Sternen und Staub kreisförmige Bewegungen. Daraus bildeten sich etwa eine Million Jahre nach dem Urknall im Universum die ersten Sternensysteme, die Galaxien. Heute wissen wir, dass das Universum voller Galaxien ist, die sich mit Geschwindigkeit voneinander wegbewegen, so dass sich das Universum immer weiter ausdehnt.

Die Milchstraße, unsere Galaxie: Den Kindern wird ein beidseitig bedruckter Poster (160 x 50 cm groß) mit einer Panorama-Aufnahme unserer Galaxie, der Milchstraße, gezeigt und an die Tafel geheftet. Auf der Rückseite sind der Ort unserer Sonne, einige Sternbilder, einzelne bedeutsame Sterne und andere Galaxien markiert. Der Poster animiert zum Sehen, Staunen und Überprüfen an der Wirklichkeit des abendlichen Himmels. (SLAWIK, ECKHARD: Die Milchstraße. Heidelberg/Berlin: Spektrum Akad. Verlag 1999, ISBN 3-8274-0573-4)

> *Erzähltext* (Fortsetzung): Die Galaxie, in der wir leben, ist die Milchstraße. Die Milchstraße ist so ungeheuerlich groß, dass die hundert Milliarden Sterne in ihr weit auseinander liegen. Sterne sind selbst leuchtende Sonnen. Unsere Sonne ist mit ihren Planeten vom Mittelpunkt unserer Galaxie weit entfernt und liegt fast am „Tellerrand" in einem Spiralarm unserer Spiralgalaxie. Deshalb können wir die Innenansicht der Milchstraße bei klaren dunklen, mondlosen Nächten am Himmel sehen. Am besten ist die Milchstraße im Juli und im Januar zu betrachten, wenn sie hoch am Himmel steht. Wir erkennen in ihr bekannte Sternbilder wie die Kassiopeia, das große Himmels-W, aber auch das Wintersternbild, den Orion. In diesem Sternbild ist unterhalb der drei Sterne der Gürtellinie mit bloßem Auge, aber besser noch mit einem Feldstecher der Orion-Nebel zu sehen. In diesem „Nebel", der sich in Milliarden Jahren gebildet hat, werden neue Sterne geboren. Sterne werden wie Menschen geboren und sterben nach einem langen Leben. Im Unterschied zum Orion-Nebel ist der linke Schulterstern im Sternbild Orion oben links mit dem Namen Beteigeuze schon ein Roter Riese, ein sterbender Stern. Ein anderes Schauspiel am herbstlichen Abendhimmel bietet mit bloßem Auge oder einem Feldstecher der Andromeda-Nebel im Sternbild Jagdhunde. Er gehört nicht zur Milchstraße, sondern ist die Nachbargalaxie der Milchstraße.

Das Sonnensystem mit den neun Planeten: Bilder von der Sonne und den neun Planeten aus Postern, Büchern und didaktischem Material (z.B. Sterne-Kartei von BEENEN, Issumer Weg 19, 46519 Alpen). Modelle der Planeten aus Kugeln und Perlen.

> *Erzähltext (*Fortsetzung): Die Sonne ist ein selbst leuchtender Stern in der Galaxie Milchstraße, der von neun Planeten mit ihren Monden und zwischen Mars und Jupiter von einer Unzahl von Asteroiden umkreist wird. Sie ist eine brodelnde Masse heißen Gases, die vor fünf Milliarden Jahren entstanden ist und weitere fünf Milliarden Jahre existieren wird. Starke Magnetfelder rufen auf ihrer Oberfläche Sonnenflecken hervor und in ihrer Atmosphäre riesige glühende Lichtbögen, die Protuberanzen heißen. Die Sonne ist so riesengroß, dass die Erde über eine Million Mal in sie hineinginge. Sie gibt dem

Leben auf der Erde Licht und Wärme. Das Licht braucht von der Sonne zur Erde nur etwa 8 Minuten. Die Erde ist von der Sonne aus der drittnächste Planet und befindet sich etwa 150 Millionen km von ihr entfernt. Die übrigen acht Planeten sind unterschiedlich groß und weit von der Sonne entfernt. Die Erde hat einen Mond, dessen Entfernung von der Erde etwa 380 000 km beträgt. Die riesigen Entfernungen können wir uns kaum vorstellen. Das Alter der Erde wird auf etwa 4,6 Milliarden Jahre berechnet. Wie können wir uns das Alter der Erde begreifbar machen?

Literatur: DÜHNFORT 1992; FISCHER u.a. 1999; FLECK 1999; HORNUNG 2000; KELLER 2002; MONTESSORI 1997;

Die Geschichte des Lebens auf der Erde

Es geht im Folgenden um die Frage, wie wir uns und den Kinder die Zeitdauer der Entwicklung der Erde und des Lebens auf ihr bewusst machen können. Dazu werden einige bewährte Beispiele aus der Montessori-Schulpraxis vorgestellt.

Das schwarze Band – The Black Strip

Die Idee Maria Montessoris, den Kindern die Erdgeschichte mit Hilfe eines 30 m langen und 50 cm breiten schwarzen Tuches vorzustellen, geht auf die Zeit ihrer Internierung während des Zweiten Weltkrieges in Indien zurück. 1 cm dieses Bandes entsprach 1.000.000 Jahre (1 Million Jahre) und 30 m entsprachen 3.000.000.000 Jahre (3 Milliarden oder 3.000 Millionen Jahre). Drei Milliarden Jahre war damals die Zeit, die für das Alter der Erde errechnet wurde.

Nachdem MARIA MONTESSORI den Kindern ihre „Schöpfungsgeschichte" (s. S. 94) dargeboten hatte, wurde die Spule mit dem 30 m langen schwarzen Band zwischen zwei Fahrrädern befestigt und auf einer Straße langsam abgerollt. Dabei erzählte sie die Erdgeschichte, bis mit dem letzten Zentimeter das Band durch einen 1 cm breiten roten Streifen abgeschlossen wurde; dies war die Zeit, also etwa 1 Million Jahre, in der der Mensch nach der langen Erdgeschichte auf dieser Erde erscheint und wirkt. Für Kinder und Erwachsene ist der so bewusst gemachte Unterschied zwischen der langen Zeit der Erdgeschichte und der kurzen Zeit des Menschen auf dieser Erde immer eine Überraschung.

In der Montessorischule in Delft (Niederlande) gibt es ein 15 mm breites Band zur Erdgeschichte auf einer fahrbaren Gartenschlauchrolle. Eine 16 mm breite Filmrolle ist hierzu auch gut geeignet.

Die Zeitmaschine

HANS ELSNER und SIEGFRIED FLECK haben die Ideen von Mario Montessori aufgegriffen und mit Baumwollgarn auf einer „Zeitspule" verwirklicht, die von den Kindern „Zeitmaschine" genannt wurde. Die Zeitmaschine ist für die

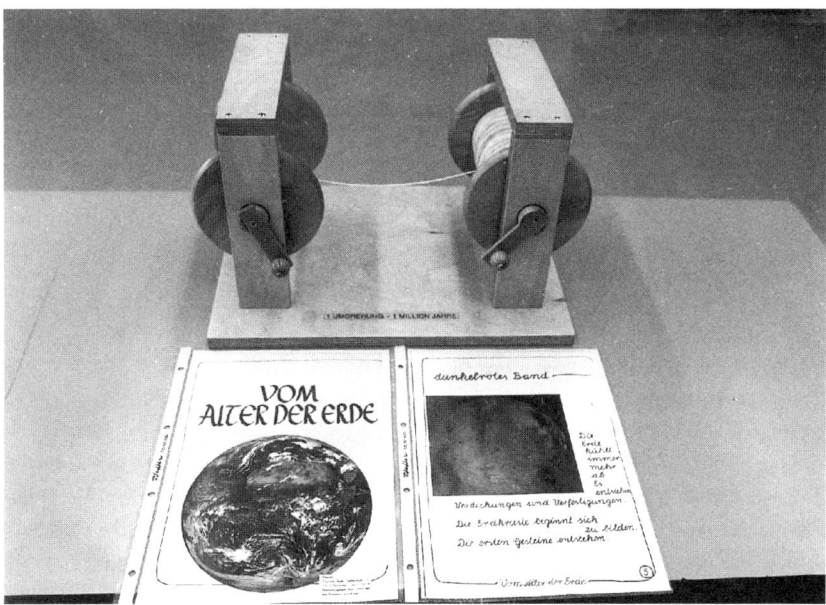

Zeitmaschinen mit festen und losen Rollen

Gruppenarbeit von drei oder vier Kindern im 3./4. Schuljahr geeignet. Das Baumwollband hat zu jedem Erdzeitalter oder Zeitabschnitt eine andere Farbe. Dazu gehört ein Buch „Vom Alter der Erde" mit Bildern und Texten zu den einzelnen Erdzeitaltern oder Erdzeitaltergruppen. Von der Zeitmaschine gibt es zwei Typen, eine mit zwei festen Rollen und einen zweiten Typ mit einer festen und einer losen Rolle. Nach einer kurzen Einführung arbeiten die Kinder selbstständig. Während ein Kind die Kurbel zum Aufrollen des Bandes dreht, liest ein anderes Kind den Text zu dem entsprechenden Zeitabschnitt. Ein weiteres Kind zählt die Umdrehungen, und das vierte Kind notiert nach 20 oder 50 Umdrehungen die Anzahl durch einen Strich. Jede Umdrehung entspricht 1 Million Jahre. Am Ende bleibt 1 Umdrehung für die „Jetztzeit" des Menschen auf der Erde übrig. Die Kinder haben die Spule dann 4.600-mal gedreht und die lange Zeit der Erdgeschichte konzentriert erfahren. Für das zügige Zurückwickeln des Bandes benötigen sie etwa 3 Stunden (vgl. FLECK 1998).

Das Wollknäuel und die Evolutionszeitleiste

Bei unseren Erprobungen wurden das Wollknäuel und die Evolutionszeitleiste zur Erarbeitung der Erdgeschichte zusammen verwendet.

Das Wollknäuel besteht aus einem gehäkelten Band, bei dem wie bei der Zeitmaschine jedes Erdzeitalter bzw. jede Erdzeitaltergruppe eine andere Farbe hat. Die Länge des Bandes für einzelne Zeitabschnitte ergibt sich aus den Zeitangaben in entsprechenden Büchern zur Erdgeschichte (vgl. Zeitmaschine). Zum Wollknäuel gehören selbst hergestellte Text- und Bildkarten. Entsprechende Bilder sind in den angegebenen Büchern, in Zeitschriften und in Postern leicht zu finden. Eine Schülergruppe hat sich ein kleines linear auszulegendes Band gehäkelt und gemalte Bildchen von den Ereignissen der Erdgeschichte an die entsprechende Zeit angenäht.

Das Wollknäuel kann linear auf einem langen Flur ausgerollt werden. Eine weitere Möglichkeit besteht im spiralförmigen Auslegen von der Mitte des Klassenraumes aus oder in der Eingangshalle der Schule oder der Turnhalle. Während die Lehrerin oder der Lehrer das Band ausrollt, sollten die Kinder nicht laut miteinander sprechen, um sich in den Ablauf der Zeit zu versenken. Zu jedem Zeitabschnitt liest ein Kind den entsprechenden Text vor, ein anderes legt die dazugehörende Bildkarte auf das Wollband. Am Ende des Auslegens wird den Kindern vielleicht bewusst geworden sein, wie kurz die Zeit erst ist, seitdem der Mensch als Homo sapiens auf dieser Erde lebt und wie viel Entwicklungszeit vorher gewesen sein muss. Nach dieser Einführung, so war zu beobachten, gingen manche Kinder gerne zu zweit während der Freien Arbeit mit dem Material in die große Eingangs-

halle der Schule und legten das Band so, wie sie es gesehen hatten und spra-
chen intensiv darüber.

Evolutionszeitleiste und der Tisch mit Materialien

Nach den Themen zur Entstehung des Universums, der Milchstraße und
der Erde sowie den Mitteln, die unvorstellbar lange Zeit von 4,6 Milliarden
Jahren nachvollziehbar zu machen, konzentriert sich die Arbeit mit der
Evolutionszeitleiste auf die Entwicklung des Lebens auf der Erde und bietet
hierzu weitergehende Arbeitsmöglichkeiten für Kinder des 3./4. Schuljahres. Diese „Zeitleiste des Lebens auf der Erde" geht auf Vorarbeiten Maria
und Mario Montessoris in Indien zurück und wurde 1956 in Perugia (Italien)
von Mario Montessori vorgestellt. Claus Kaul hat in den letzten Jahren in
Deutschland zur Verbreitung beigetragen (Bezug: Ifgl Kaul/Stahl: Tegern-
seer Str 104, 83700 Rottach-Weissach; Riedel, Carl-Zeiss-Str. 35, 72770
Reutlingen).
   Die Evolutionszeitleiste beginnt mit den ersten einzelligen Lebewesen,
zeigt die Zeitalter der wirbellosen Tiere, der Reptilien und der Säugetiere
und endet mit dem Auftreten des Menschen. Erdgeschichtlich umfasst die
großformatige Zeichnung (60 x 2,70 cm lang) die Zeit vom Kambrium seit
etwa 570 Millionen Jahren bis zum Holozän im Quartär. Zu sehen sind am

Anfang des Lebens im Wasser die ersten Urtierchen wie Trilobiten, Schwämme und Seelilien; es folgen Ereignisse wie Vulkanausbrüche, Eiszeiten, Erdfaltungen und Kontinentalverschiebungen. Mit Hilfe farbiger Zeitlinien kann über die Zeiten hinweg die Entwicklung von Pflanzen und Tieren verfolgt werden. Dabei ist zu sehen, welche Tierarten und Pflanzen entstanden sind, sich weiterentwickelt haben oder ausgestorben sind wie z.b. die Dinosaurier. Die Namen der Tiere und Pflanzen sowie Texte zur Erläuterung des Geschehens sind bei der vollständigen Fassung aufgedruckt. Neben der beschriebenen Fassung der Evolutionszeitleiste zum Aufhängen gibt es die gleiche Leiste *ohne* Tiere, Pflanzen und Zeitalterbeschriftungen, aber mit aufgedruckten Namen und Texten. Dazu gehört eine Arbeitsleiste mit Tieren, Pflanzen und Schriften zum Ausschneiden. Die Kinder können dann die ausgeschnittenen Tiere, Pflanzen und Zeitalterbeschriftungen den entsprechenden Namen oder Spalten der Zeitleiste zuordnen. Der Fehlerkontrolle dient eine schwarz-weiße Korrekturleiste.

In unseren Erprobungsklassen wurde die Evolutionszeitleiste an der Wand befestigt, und davor wurden einige Schultische zum Belegen mit Material gestellt. Die Tische wurden mit einem blau-grünen Tuch so bedeckt, dass der blaue Teil zum Wasser und der grüne Teil zum Land auf der Evolutionsleiste passte.

Die Evolutionszeitleiste ist in erster Linie für die Einzel-, Partner- oder Gruppenarbeit, z.B. im Rahmen Freier Arbeit oder Stationenarbeit gedacht. Zum ersten Mal im Klassenraum aufgehängt, zieht sie die Aufmerksamkeit fast aller Kinder auf sich und macht eine gemeinsame Einführung nötig. Weiteres Zuordnungsmaterial zum Belegen der Tische sollte noch in Kästen verborgen sein.

Wenn dann die Kinder um die Evolutionsleiste herum stehen oder sitzen, ist es interessant, was die Aufmerksamkeit einzelner Kinder zuerst auf sich zieht. Das können die Dinosaurier sein, aber auch eine kleine Schnecke, von der ein Mädchen nicht glaubte, dass die Art schon so lange auf der Erde ist. Andere erwähnten zuerst die aufgemalten Menschentypen bis zum aufrechten Gang, wieder andere die Eisberge und die Vulkane, usw. Manche versuchten, die aufgedruckten Texte zu lesen und waren über bestimmte Namen verwundert. Dann kann es günstig sein, zunächst die allgemeine Aufmerksamkeit auf das Kambrium und das Leben im Wasser zu lenken. Dies gibt auch Gelegenheit, die Funktion der farbigen Linien zu erklären, z.B. an den ausgestorbenen Trilobiten. Und dann beginnt bald das Fragen: Woher weiß man denn etwas über die Trilobiten, wenn sie doch ausgestorben sind? Wo sind die Vor- und Nachfahren der Dinosaurier? Wie sahen die Erdteile aus, als die Dinosaurier bei uns lebten? Und vieles mehr. Vorschläge können kommen: Ich kann ein Sachbuch mit vielen Bildern über ... mitbringen. – Wir haben Vulkanknollen aus der Eifel, ich frag mal... – Wir haben einen Ammoniten... – Ich kann meine Dinosauriermodelle mitbringen, usw.

Der nächste Morgen beginnt dann meist damit, die Leihgaben der Kinder auf den Tischen der Evolutionszeitleiste zuzuordnen und von der Herkunft der Stücke zu erzählen. Neben eigenen Sachbüchern bringen Kinder auch manchmal ausgeliehene Bücher aus der Stadtbibliothek mit. Nun kommen die Ergänzungen der Schule bzw. der Lehrerschaft hinzu: Fossilien, Muscheln, Korallen, Steine, Mineralien, Erze, Modelle von Urtieren, Urmenschen usw. Bäume und Pflanzen sollen aus farbigem Tonpapier und Vulkanmodelle aus Ton noch hergestellt werden. Videos oder Filme von Vulkanausbrüchen und Erdbeben in unserer Gegenwart sollen auch gezeigt werden. Und für den Computer stehen CD-ROMs zur Verfügung, z.B. „Vom Urknall zum ersten Menschen". Manche Kinder erinnern sich an Ausstellungen im Museum. Auch Spurensuche in der Landschaft, in der wir leben, ist angesagt. Es gibt viel zu tun.

Die vielfältigen Anregungen können zu Interessengruppen führen, die bestimmte Themen weiterbearbeiten. Sich später gegenseitig über die Erfahrungen und Ergebnisse zu informieren und sie für Eltern und andere Klassen auszustellen, kann einem „echten Lernen in Projekten und Kursen" entsprechen. Themen für Interessengruppen können zum Beispiel sein:

- Zur Entwicklung der Tiere: „Der Tierbaum" (siehe: HELMLE/WÖBCKE-HELMLE 1999)
- Zur Entwicklung der Pflanzen: „Der Pflanzenbaum" (vgl. „Der Tierbaum")
- Der Stammbaum der Dinosaurier (siehe: FEIGE 1998; Material: BEENEN, Die Saurierkartei; Sauros, Urzeit-Tiere; Cornelsen, Arbeitsbox Die Welt der Dinosaurier)
- Vulkane, Gebirge, Steine – Die Erdkruste verändert sich (siehe: HANS ELSNER 1999, THOMAS ELSNER 1999)
- Über „Neandertaler", „Lucy" und ihre Kinder (siehe Material: IFGL KAUL/STAHL oder RIEDEL, Zeitleiste zur frühen Menschheitsgeschichte; für Erwachsene: ROHTE 2000)
- Spurensuche in der „Heimat"

Kinder auf dem Weg zum ökologischen Zeitbewusstsein

Mit der erdgeschichtlichen Dimension der Zeit kommen Zeitmaße von Jahrmillionen und Jahrtausenden in den Blick, die unsere Erfahrungen mit Tagen, Monaten, Jahren und Lebenszeiten übersteigen. Diese Zeitdiskrepanz sensibilisiert das ökologische Bewusstsein. Denn der Rückblick auf die lange Erdgeschichte führt hin zu der Frage nach der Entstehung und dem Alter unserer Region, in der wir leben, lernen und arbeiten. So kommen acht- bis zehnjährige Kinder bei einer Exkursion in den Harz ins Staunen, wenn sie vor Ort erfahren, dass dieses Mittelgebirge im Erdaltertum vor 345 Millionen Jahren ein untermeeriger Senkungsbereich mit Vulkanismus war, aus dem die Erzvorkommen z.B. im Rammelsberg/Goslar entstanden sind. An diesem Beispiel lässt sich exemplarisch erkennen, wie in geologischen Zeiträumen von Jahrmillionen Erzlagerstätten und Kohlenstoffdepots wie Erdöl-, Erdgas- und Kohlelagerstätten entstanden sind, ohne die die Industrialisierung und die Energieversorgung der heutigen Generation nicht möglich gewesen wäre.

Die Gegenwart der Hundertjahreskette –
Biographie und Waldgeschichte

Waldsterben im Harz

Bis zum Eingreifen des Menschen in diese Landschaft vor etwa 1000 Jahren hatte sich eine den jeweiligen Höhen- und Klimalagen angepasste natürliche Baumartenverteilung von vorwiegend Eichen, Buchen und Fichtenbeständen entwickelt. Mit dem Erzabbau und der Erzverhüttung führte der große Holzverbrauch im Laufe der Jahrhunderte zum Anbau von Fichten-Monokulturen durch forstliche Anpflanzung, die heute den Harz weitgehend kennzeichnen und die anfällig sind für „Waldschäden". Wie in anderen deutschen industriefernen Mittelgebirgen auch, setzte um 1980 im Harz das große „Waldsterben" ein, von den Schadstoffeinträgen weit entfernt liegender Industriebetriebe, Kraftwerke, Landwirtschaft, Haushalte und vom Autoverkehr verursacht. Dass heute im Harz kein gesunder Baum mehr steht, ist auf Schwefel- und Stickstoffeinträge (Saurer Regen, Bodenversauerung) zurückzuführen. Neue Filter bei Großkraftwerken haben den Schwefel reduziert, während der Stickstoff-Ausstoß von Autoverkehr und Landwirtschaft weiter zunimmt.

Was bedeutet dies für die Entwicklung eines ökologischen Zeitbewusstseins bei Grundschulkindern? Während des Schullandheimaufenthaltes im Hochharz haben die Kinder des 4. Schuljahres ein Projekt mit Erkundungen in Erzbergwerken und zur Waldgeschichte mit dem Förster durchgeführt. Dabei haben sie auch die neuartigen Schadsymptome an Fichten (Nadelverluste, Verlichtung der Kronen, Nadelvergilbung, Bildung von Angst-

und Ersatztrieben, Absterben im Feinwurzelbereich) vor Ort kennen gelernt und etwas über die vom Menschen verursachten Schadstoffe erfahren.
Kinder hören heute mehr über weltweite Umweltprobleme (Ozonloch, Was-
serknappheit, Vernichtung des Regenwaldes, Bodenzerstörung, Klimaver-
änderung), als in der Umweltbildung der Schule mit ihnen konstruktiv verarbeitet wird. Begegnungen mit dem „Waldsterben" führen bei ihnen deshalb dann nicht, wie manche Eltern und Lehrerinnen befürchten, zu
Umweltängsten, wenn die Kinder über die Ursachen und Gegenmaßnah-
men kindgemäß aufgeklärt werden. Die Aussage eines Kindes aus den um-
fangreichen Tonbandaufnahmen während der Erkundung mit dem Förster
ist typisch:

„Dadurch, dass die alten Bäume absterben und irgendwann auch aus-
fallen und umfallen, entstehen Lichtungen und da können kleine Bäume,
gesunde Bäume wieder wachsen und dadurch reguliert sich das wieder ein
bisschen, aber im Moment sterben mehr Bäume ab, als neue nachwachsen,
weil es dauert ja ziemlich lange, bis so ein Baum richtig groß ist und dadurch entsteht das Waldsterben." Der Junge hat die Hoffnung, dass kleine,
gesunde Bäume wieder nachwachsen, aber er weiß auch, dass es ziemlich
lange dauert, bis so ein Baum richtig groß ist. Weil die Kinder erfahren müssen, dass etwas zur Minderung der Umweltprobleme getan wird, ist der
Förster mit ihnen auch an eine Stelle des Waldes gegangen, wo junge Buchen zwischen kranken Fichten auf einer Höhenlage wieder angepflanzt
worden sind und emporwachsen, auf der sie sich vor 1000 Jahren ganz natürlich zu einem Buchenwald entwickelt haben. Jedoch können die Förster
die Schadstoffe aus der Luft nicht verhindern.

Durch den Unterricht über die Erdgeschichte sowie die Erkundungen in
Erzbergwerken und zur Waldgeschichte des Harzes haben die Kinder erkennen können, dass die Vorräte der Erzvorkommen, die in langen Zeiträumen vor Jahrmillionen im Harz entstanden sind, in vergleichsweise kur-
zer Zeit abgebaut waren und durch den Anbau von Fichtenmonokulturen
Umweltschäden hinterlassen haben. Ursache für die Baumschäden im
Harz sind jedoch die Schadstoffe aus Fabriken, Kraftwerken und Autos, die
von weit her mit den Wolken herangeweht werden. Die Kinder haben weiter erkennen können, dass es bei den Lebensprozessen von Bäumen und
Waldökosystemen um Zeitmaße von Jahrzehnten und Jahrhunderten geht.

Auf diese Weise ein früh entwickeltes und differenziertes ökologisches
Zeitbewusstsein bei Kindern und Jugendlichen durch Umweltbildung zu er-
reichen, ist deshalb eine unabdingbare Voraussetzung für Verhaltensände-
rungen, die notwendig sind, wenn die heranwachsenden Generationen im
21. Jh. nicht ihre eigenen Lebensgrundlagen zerstören wollen.

Literatur

ADAM, BARBARA/GEIßLER, KARLHEINZ A./HELD, MARTIN (Hrsg.): Die Nonstop-Gesellschaft und ihr Preis. Vom Zeitmißbrauch zur Zeitkultur. Stuttgart/Leipzig: Hirzel 1998.

ADAM, BARBARA: Naturzeiten, Kulturzeiten und Gender – Zum Konzept „Timescape". In: HOFMEISTER, S./SPITZNER, M. (Hrsg.): Zeitlandschaften. Perspektiven öko-sozialer Zeitpolitik. Stuttgart/Leipzig: Hirzel 1999, S. 35-57.

ALBERT, BERNHARD: Von der Vielfalt der Zeit. Auswertung der Zeitakademie des Tutzinger Projekts „Ökologie der Zeit" (Werkstattbericht der Evangelischen Akademie Tutzing). Tutzing/München 2000.

BAUER, ROLAND/SCHMELZLE, RENATE: Kalender/Zeit: 2. – 4. Schuljahr (Kopiervorlagen und Materialien). Berlin: Cornelsen Scriptor 1999.

BECK, GERTRUD (Hrsg.): Sachunterricht: Zeit und Geschichte (Sammelband aus: Die Grundschulzeitschrift). Seelze: Friedrich 1998.

BEHNKEN, IMBKE/ZINNECKER, JÜRGEN (Hrsg.): Kinder – Kindheit – Lebensgeschichte. Ein Handbuch. Seelze-Velber: Kallmeyer 2001.

BERGMANN, KLAUS u.a. (Hrsg.): Handbuch der Geschichtsdidaktik. 5., überarb. Aufl., Seelze-Velber: Kallmeyer 1997.

BIESTER, WOLFGANG: Automaten verändern die Hausarbeit. In: Die Grundschulzeitschrift, 11. Jg., 1997, H. 108, S. 17-19.

BISCHKE, MATHIAS/HEIMBERGER-PREISLER, KARIN: Garten – Der Garten im Jahreslauf. München: ADAC-Verlag/Verlagshaus Stuttgart 1997.

BISSET, ESTHER/PALMER, MARTIN: Die Regenbogenschlange. Geschichten vom Anfang der Welt und von der Kostbarkeit der Erde. Bern: Zytglogge 1987, 3. Aufl. 1994.

COVEY, STEPHEN R.: Der Weg zum Wesentlichen. Zeitmanagement der vierten Generation. Frankfurt: Campus 1997/2000.

Deutscher Wetterdienst: Anleitung für die phänologischen Beobachter des Deutschen Wetterdienstes. Offenbach: Deutscher Wetterdienst, 3. Aufl.

DÜHNFORT, ERIKA: Vom größten Bilderbuch der Welt. Sternbildergeschichten durch das Jahr. Stuttgart: Verlag Freies Geistesleben 1977, 8. Aufl. 1992.

ECKERT, ELA: Montessoris Konkretisierung der Idee der „Kosmischen Erziehung" in ihrer Zeit in Indien. In: FISCHER, REINHARD/KLEIN-LANDECK, MICHAEL/LUDWIG, HARALD (Hrsg.): Die „Kosmische Erziehung" MARIA MONTESSORIS. Münster: Lit 1999, S. 133-170.

ECKERT, ELA: MARIA und MARIO MONTESSORIS Kosmische Erziehung. Vision und Konkretion. Bad Heilbrunn: Klinkhardt 2001.

ELSNER, HANS: Der Geologiebaukasten. In: FISCHER, REINHARD/KLEIN-LANDECK, MICHAEL/LUDWIG, HARALD (Hrsg.): Die „Kosmische Erziehung" MARIA MONTESSORIS. Münster: Lit 1999, S. 243-250.

ELSNER, THOMAS: Steine – ein Beitrag zu einem Sinnesmaterial für die Kosmische Erziehung im Kinderhaus. In: FISCHER, REINHARD/KLEIN-LANDECK, MICHAEL/LUDWIG, HARALD (Hrsg.): Die „Kosmische Erziehung" MARIA MONTESSORIS. Münster: Lit 1999, S. 202-210.

FEIGE, BERND: Historisches Lernen im Sachunterricht der Grundschule, in: Grundschule 30 (1998) H. 11, S.10-13.

FISCHER, REINHARD/KLEIN-LANDECK, MICHAEL/LUDWIG, HARALD (Hrsg.): Die „Kosmische Erziehung" MARIA MONTESSORIS. Münster: Lit 1999.

FLECK, SIEGFRIED: Vom Alter der Erde. Die Zeitmaschine. In: Grundschule, 30. Jg., 1998, H. 11, S. 19-21.

FLECK, SIEGFRIED: „Am Anfang wollen wir ihm die ganze Welt geben" (MONTESSORI). In: FISCHER, REINHARD/KLEIN-LANDECK, MICHAEL/LUDWIG, HARALD (Hrsg.): Die „Kosmische Erziehung" MARIA MONTESSORIS. Münster: Lit 1999, S. 221-235.

GEBAUER, MICHAEL/SCHAUB, HORST: Die „innere Uhr" des Menschen. In: Unterricht Biologie, 21. Jg. (1997) H. 223, S. 24-34.

GEIßLER, KARLHEINZ A.: Zeit „Verweile doch du bist so schön!" Weinheim/Berlin: Beltz/Quadriga 1996, 2. Aufl. 1997.

GEIßLER, KARLHEINZ A.: Vom Tempo der Welt. Am Ende der Uhrzeit. Freiburg: Herder 1999.

GLUMPLER, EDITH: Ausländische Familien in Deutschland. In: Sache-Wort-Zahl, 27. Jg., 1999, Heft 20, S. 22-27.

GRUBER, GERTRUD/SIEBLER, MAGDALENA: Den Ablauf eines Jahres überblicken. In: Grundschule, 29. Jg., 1997, H. 9, S.28-29.

HELD, MARTIN/GEIßLER, KARLHEINZ A. (Hrsg.): Ökologie der Zeit. Vom Finden der rechten Zeitmaße. Stuttgart: Hirzel 1993.

HELD, MARTIN/GEIßLER, KARLHEINZ A. (Hrsg.): Von Rhythmen und Eigenzeiten. Perspektiven einer Ökologie der Zeit. Stuttgart: Hirzel 1995.

HELMLE, THOMAS/WÖBCKE-HELMLE, PETRA: Vom Ganzen zum Detail – am Beispiel „Tiere". In: FISCHER, REINHARD/KLEIN-LANDECK, MICHAEL/LUDWIG, HARALD (Hrsg.): Die „Kosmische Erziehung" MARIA MONTESSORIS. Münster: Lit 1999, S. 187-201.

HOLLSTEIN, GUDRUN: Stationenarbeit: Entdecken, Erproben, Erfahren. Beispiel Wäschepflege früher und heute. Weinheim/Basel: Beltz 1998.

HORNUNG, HELMUT: Astronomische Streiflichter. Sternbilder, Gestirne und ihre Geschichten. Mit Sternkarten von Martin Rothe. München: Deutscher Taschenbuch Verlag 2000.

KAUL, CLAUS-DIETER: Die zehn Wünsche der Kinder. Ein ganzheitlicher Weg im Miteinander von Kind und Erwachsenen. Donauwörth: Auer 2000.

KELLER, HANS-ULRICH (Hrsg.): Kosmos Himmels-Jahr – Sonne, Mond und Sterne im Jahreslauf. Stuttgart: Franckh-Kosmos (erscheint jährlich).

KÖHLER, LOTTE: Zur Entstehung des autobiographischen Gedächtnisses. In: BEHNKEN, IMBKE/ZINNECKER, JÜRGEN (Hrsg.): Kinder – Kindheit – Lebensgeschichte. Ein Handbuch. Seelze-Velber: Kallmeyer 2001, S. 65-83.

KÜCHLER, WOLFGANG: Ein Jahr hat viele Tage. Arbeit mit der Jahreskette. In: Grundschule, 24. Jg., 1992, H. 11, S. 20-23.

Landschaftsverband Rheinland/Rheinisches Museumsamt: Die Große Wäsche. Köln: Rheinland-Verlag 1988.

LUCHT, IRMGARD: Die Baum-Uhr. Das Jahr der Bäume. Hamburg: Ellermann 1978, Sonderausgabe 2001.

MAYER, JÜRGEN: Zeit-Strukturen der Natur. Basisartikel in: Unterricht Biologie, 21. Jg., 1997, Heft 223, S. 4-12.

MONTESSORI, MARIA: „Kosmische Erziehung". Freiburg/Basel/Wien: Herder 1988, 4. Aufl. 1997.

MÜLLERS, KLAUS: Alter der Erde – Wie alt bin ich? In: FISCHER, REINHARD/KLEIN-LANDECK, MICHAEL/LUDWIG, HARALD (Hrsg.): Die „Kosmische Erziehung" MARIA MONTESSORIS. Münster: Lit 1999, S. 211-220.

NISSEN, URSULA: Raum und Zeit in der Nachmittagsgestaltung von Kindern. In: Deutsches Jugendinstitut (Hrsg.): Was tun Kinder am Nachmittag? München: Juventa 1992, S. 127-170.

PIAGET, JEAN: Die Bildung des Zeitbegriffs beim Kinde. (Original erschienen 1946) dt. Zürich: Rascher 1955, Frankfurt: Suhrkamp 1974.

PIAGET, JEAN: Der Aufbau der Wirklichkeit beim Kinde. (Original erschienen 1937) (dt.) Gesammelte Werke, Bd. 2, Stuttgart: Klett 1975.

REEKEN, DIETMAR von: Sachunterrichtsdidaktik und Geschichtsdidaktik: Bestandsaufnahme und Kritik eines Unverhältnisses, in: Geschichte in Wissenschaft und Unterricht 47 (1996), S.349-365.

REEKEN, DIETMAR VON: Historisches Lernen im Sachunterricht – Bestands-
aufnahme und Perspektiven der Forschung, in: MARQUARDT-MAU,
B./KÖHNLEIN, W./LAUTERBACH, R. (Hrsg.): Forschung zum Sachunterricht.
Bad Heilbrunn 1997, S.208-224.

REEKEN, DIETMAR VON: Historisches Lernen im Sachunterricht. Didaktische
Grundlegungen und unterrichtspraktische Hinweise. Seelze: Kallmeyer
1999.

ROTH, HEINRICH: Kind und Geschichte. Psychologische Voraussetzungen des
Geschichtsunterricht in der Volksschule. München: 1. Aufl. 1955; 5. Aufl.
1968.

ROTHE, PETER: Erdgeschichte. Spurensuche im Gestein. Darmstadt: Wissen-
schaftliche Buchgesellschaft 2000.

SCHAUB, HORST: Sachunterricht in der Grundschule. Umgang mit der
Zeit/Das Leben der Menschen im Wandel. (NLI Berichte 49) Gehrden: Be-
renberg'sche Druckerei/Dekla Verlag 1992, 4. Aufl. 1996.

SCHAUB, HORST: Die Vielheit der Zeiten im Leben des Kindes. Konsequenzen
für den Sachunterricht. In: Grundschule, 30. Jg., 1998a, H. 11, S. 8-9.

SCHAUB, HORST: Zeit und Geschichte. Zwischen Tradition und Innovation. In:
Praxis Grundschule, 21. Jg., 1998b, H. 6, S. 4-6.

SCHAUB. HORST: Schul-Zeit. Zur Entwicklung des ökologischen Zeitbewußtseins. In: Politische Ökologie, 17. Jg., 1999a, H. 57/58, S. 107-108.

SCHAUB, HORST: MARIA MONTESSORIS Pädagogik zur Erziehung des Neuen
Menschen für die Eine Welt. In: KECK, RUDOLF W. (Hrsg.): Didaktik im Zeichen der Ost-West-Annäherung. Münster: Lit 1999b, S. 143-167.

SCHAUB, HORST: Kind und Zeit – Zur Notwendigkeit der Entwicklung eines
ökologischen Zeitbewußtseins an der Jahrtausendwende. In: Sache-
Wort-Zahl, 27. Jg., Dezember 1999c, H. 26, S. 4-9.

SCHAUB, HORST: Das Problem der Zeit an der Jahrtausendwende – Konsequenzen für die Grundschule. In: Grundschulunterricht, 46. Jg., 1999d,
H. 12, S. 2-5.

SCHAUB, HORST: Entwicklungspsychologische Grundlagen für historisches
Lernen in der Grundschule. In: SCHREIBER, W. (Hrsg.): Erste Begegnungen
mit Geschichte. Grundlagen historischen Lernens (Bayerische Studien
zur Geschichtsdidaktik, Band 1 (in 2 Teilbänden). München und Neuried:
Ars una 1999e, 1. Teilband, S. 215-252.

SCHAUB, HORST: Die Bedeutung der „Kosmischen Erziehung" MARIA MONTES-
SORIS für eine Konzeption zur „Ökologie der Zeit". In: Theo Winkels
(Hrsg.): Montessori-Pädagogik – konkret. Bad Heilbrunn: Klinkhardt
2000, S. 93-107.

SCHAUB, HORST: The Development of Ecological Consciousness of Time in 6- to 12-Year-Old Children. In: Time – Perspectives at the Millennium (The Study of Time X). Edited by MARLENE P. SOULSBY and J.T. FRASER. Westport/U.S.A.: Bergin & Garvey, Greenwood Publishing Group 2001a, S. 247-257.

SCHAUB, HORST: Grundsätze der Montessori-Pädagogik bei MARTIN WAGENSCHEIN und Maria Montessoris Konzept der Kosmischen Erziehung. In: CECH, D. U.A. (Hrsg.): Die Aktualität der Pädagogik MARTIN WAGENSCHEINS für den Sachunterricht. Bad Heilbrunn: Klinkhardt 2001b, S. 31-46.

SCHAUB, SYBILLE: Das Jahr und der Kalender. Lernen an Stationen. In: Praxis Grundschule, 21. Jg., 1998, H. 6, S. 8-15 (mit Kopiervorlagen).

SCHNABEL, ULRICH/SENTKER, ANDREAS: Wie kommt die Welt in den Kopf? Reise durch die Werkstätten der Bewusstseinsforscher. Reinbek bei Hamburg: Rowohlt 1997, 1998.

SCHNEIDER, MANUEL/GEIßLER, KARLHEINZ A./HELD, MARTIN (Hrsg.): Zeit-Fraß. Zur Ökologie der Zeit in Landwirtschaft und Ernährung. In: Politische Ökologie, Sonderheft 8, 13. Jg., Sept./Okt. 1995.

SCHORCH, GÜNTHER: Kind und Zeit. Entwicklung und schulische Förderung des Zeitbewußtseins. Bad Heilbrunn 1982.

SCHORCH, GÜNTHER/STEINHERR, EVA: Zeitbewusstsein und Zukunftsvorstellungen von Kindern. In: BEHNKEN, IMBKE/ZINNECKER, JÜRGEN (Hrsg.): Kinder – Kindheit – Lebensgeschichte. Ein Handbuch. Seelze-Velber: Kallmeyer 2001, S. 420-331.

SCHREIBER, WALTRAUD (Hrsg.): Erste Begegnungen mit Geschichte. Grundlagen historischen Lernens (Bayerische Studien zur Geschichtsdidaktik, Band 1 (in 2 Teilbänden). München und Neuried: Ars una 1999.

SCHUBERT, ELKE: Menschen, die hierher kamen. In: Sache-Wort-Zahl, 24. Jg., 1996, Heft 3, S. 24-30.

SEIWERT, LOTHAR J.: Wenn Du es eilig hast, gehe langsam. Das neue Zeitmanagement in einer beschleunigten Welt. Frankfurt: Campus 1998/2000.

STEINBACH, GUNTER (Hrsg.): Die Pflanzen unserer Heimat. München: ADAC-Verlag/Verlagshaus Stuttgart 1999.

STRAAß, VERONIKA: Natur erleben das ganze Jahr. München: BLV Verlagsgesellschaft 1997.

VOIGT, SIGRID/WALDMANN-MEßNER, UTE: Der Jahreskreis steht niemals still... In: Grundschule, 30. Jg., 1998, H. 5, S. 10-12.

WESTLUND, INGRID: Kinderzeiten. Zeitdisziplin und Nonstop-Gesellschaft aus der Sicht der Kinder. In: ADAM, B./GEIßLER, K.A./HELD, M. (Hrsg.): Die Nonstop-Gesellschaft und ihr Preis. Vom Zeitmißbrauch zur Zeitkultur. Stuttgart/Leipzig: Hirzel 1998, S. 93-106.

WÖBCKE-HELMLE, PETRA/HELMLE, THOMAS: Die Jahres-, Monats- und Tages-kette. Grundmodelle für Erfahrungen mit zyklischer Zeit. In: Grundschu-le, 30. Jg., 1998, H. 11, S. 13-15.

ZEIHER, HELGA/ZEIHER, HARTMUT J.: Orte und Zeiten der Kinder. Soziales Le-ben im Alltag von Großstadtkindern. Weinheim/München: Juventa 1994.

ZEIHER, HELGA: Leben in der Zeit führen – Wandel der Zeit. In: BEHNKEN, IMB-KE/ZINNECKER, JÜRGEN (Hrsg.): Kinder – Kindheit – Lebensgeschichte. Ein Handbuch. Seelze-Velber: Kallmeyer 2001, S. 432-441.

Web-Adressen zum Thema

Die folgenden Internetadressen haben wir überprüft (Redaktionsschluss: 12.10.01). Dennoch können wir nicht ausschließen, dass unter einer sol-chen Adresse inzwischen ein ganz anderer Inhalt angeboten wird. Deshalb empfehlen wir dringend, die Adressen vor der Nutzung im Unterricht selbst noch einmal zu überprüfen.

Projekt zur Beobachtung von Tieren, Pflanzen und Lebensräumen in der Natur

● http://www.naturdetektive.de (dann Äpfel = Jahreszeiten anklicken)

Themenbereich: Das Jahr der Kastanie im Licht der Sonne; Die Jahreszei-ten der Pflanzen.

Kommentar zum Inhalt: Unter der Schirmherrschaft des Bundesumwelt-ministeriums bietet das Projekt 12 verschiedene Themen zur Beobachtung von Tieren, Pflanzen und Lebensräumen in der Natur zwischen Februar und September an. Über Internet werden die Beobachtungen online mitge-teilt und kommunizierbar.

Phänologie

● http://www.dwd.de/research/klis/daten/kollektive/phaeno/menue.htm

Themenbereich: Die Jahreszeiten der Pflanzen

Kommentar zum Inhalt: Über diese Web-Adresse finden Sie Zugänge zu Informationen über Phänologie im Deutschen Wetterdienst.

Fitmacher für Ihren Unterricht

Lehrer-Bücherei: Grundschule

Rudolf Knapp
Elternarbeit in der Grundschule
Grundlagen - Elternberatung und
-seminare - Mitarbeit im Schulleben
128 Seiten mit Abb., Paperback
ISBN 3-589-05061-6

Vom ersten Elternabend, thematischen
Veranstaltungen, Gesprächskreisen
und der Elternberatung bis zur Beteili-
gung von Eltern am Schulleben und im
Unterricht. Mit Kopiervorlagen und
Adressen wichtiger Beratungsstellen.

Beatrix Lumer (Hrsg.)
Integration behinderter Kinder
Erfahrungen - Reflexionen - Anregun-
gen
128 Seiten mit Abb., Paperback
ISBN 3-589-05058-6

Das Buch plädiert für den gemeinsamen Unterricht nicht behinderter und
behinderter Kinder. Themen sind u. a.
Diagnostik, Respekt vor der Indivi-
dualität, offener Unterricht - mit vielen
Fallbeispielen.

Norbert Sommer-Stumpenhorst /
Martina Hötzel
Richtig Schreiben lernen
von Anfang an
Methodenkompetenz - Differenzierte
Förderung - Lesen lernen Schritt für
Schritt
144 Seiten mit Abb., Paperback
ISBN 3-589-05064-0

Klaus Metzger
Handlungsorientierter Umgang mit
Medien im Deutschunterricht
Didaktische Voraussetzungen -
Modelle und Projekte
96 Seiten mit Abb., Paperback
ISBN 3-589-05062-4

Susanne Petersen
Rituale für kooperatives Lernen in
der Grundschule
- Für jeden Tag und das Schuljahr
- Für Anfang und Ende der Grund-
schulzeit
120 Seiten mit Abb., Paperback
ISBN 3-589-05063-2

Fragen Sie bitte
in Ihrer Buchhandlung!

Fitmacher für Ihren Unterricht

Lehrer-Bücherei: Grundschule

Horst Bartnitzky
Reinhold Christiani (Hrsg.)
Berufseinstieg: Grundschule
Leitfaden für Studium
und Vorbereitungsdienst
ca. 352 Seiten, Paperback
ISBN 3-589-05074-8

Almuth Bartl
Minutenspiele
- Spiele und Aufgaben
- Für Ausdauer, Konzentration
  und Gedächtnis
- Einzel-, Paar- und Gruppenspiele
96 Seiten mit Abb., Paperback
ISBN 3-589-05071-3

Manfred Pollert
**Lernen und Leben
im 1. Schuljahr**
- Erfahrungen
- Beispiele
- Anregungen
208 Seiten mit Abb., Paperback
ISBN 3-589-05070-5

Éliane Whitehouse
Warwick Pudney
**Wut: Ein Vulkan in meinem
Bauch**
- Wut und Gewalt
- Übungen und Spiele
- Lösungsstrategien
112 Seiten, Paperback
ISBN 3-589-05068-3

Horst Schaub
Zeit und Geschichte erleben
- Zeit in der Natur
- Umgang mit der Zeit
- Erfahrung des Wandels
112 Seiten, Paperback
ISBN 3-589-05069-1

Barbara Brüning
**Philosophieren in der Grund-
schule**
- Grundlagen
- Methoden
- Anregungen
112 Seiten, Paperback
ISBN 3-589-05066-7

Fragen Sie bitte
in Ihrer Buchhandlung!